U0929644

江苏经济普查年鉴

第二产业卷（下） 2018

江苏省第四次全国经济普查领导小组办公室　编

图书在版编目（CIP）数据

江苏经济普查年鉴. 2018. 第二产业卷. 下 / 江苏省第四次全国经济普查领导小组办公室编. -- 北京 : 中国统计出版社, 2020.10
ISBN 978-7-5037-9302-8

Ⅰ. ①江… Ⅱ. ①江… Ⅲ. ①经济－普查－江苏－2018－年鉴②第二产业－经济－普查－江苏－2018－年鉴 Ⅳ. ①F127.53-54

中国版本图书馆 CIP 数据核字（2020）第 193964 号

江苏经济普查年鉴-2018/第二产业卷（下）

作　　者//江苏省第四次全国经济普查领导小组办公室
责任编辑/许立舫
封面设计/黄俊杰
出版发行/中国统计出版社
通信地址/北京市丰台区西三环南路甲 6 号　邮政编码/100073
电　　话/邮购（010）63376909　书店（010）68783171
网　　址/http://www.zgtjcbs.com/
印　　刷/江苏苏创信息服务中心
经　　销/新华书店
开　　本/880mm×1230mm　1/16
字　　数/540 千字
印　　张/17
版　　别/2020 年 10 月第 1 版
版　　次/2020 年 10 月第 1 次印刷
定　　价/880.00 元（全套）

本书附同版本 CD-ROM 一张，光盘内容以书面文字为准。
如有印装差错，由本社发行部调换。

编委会和编辑人员

编者说明

为便于社会各界共同分享第四次全国经济普查成果，更方便地开发利用普查资料，我们将经济普查资料编辑整理，汇编成《江苏经济普查年鉴—2018》一书。全书共三卷四册，即综合卷、第二产业卷和第三产业卷，并随书配送同版本光盘一张。《综合卷》分三篇：第一篇为“综合篇”，第二篇为“企业篇”，第三篇为“文化及相关产业篇”。《第二产业卷》按内容分为上、下两册。上册两篇：第一篇为“工业企业生产经营及财务状况篇”，第二篇为“主要工业产品产量篇”。下册两篇：第一篇为“企业研发情况篇”，第二篇为“建筑业企业生产经营及财务状况篇”。《第三产业卷》分六篇：第一篇为“批发和零售业企业基本情况及财务状况篇”，第二篇为“住宿和餐饮业企业基本情况及财务状况篇”，第三篇为“房地产开发经营业生产经营及财务状况篇”，第四篇为“服务业企业财务状况篇”，第五篇为“服务业行政事业及非企业法人单位篇”，第六篇为“企业信息化和电子商务交易情况篇”。为使读者能够更好地使用本资料，现对有关问题做如下说明：

一、第四次全国经济普查的标准时点为 2018 年 12 月 31 日，时期资料为 2018 年度；

二、综合卷中综合篇和企业篇汇总表，均不包含少量无分组标识的单位数据，其中单位数包含兼营二、三产业的农、林、牧、渔业法人单位，从业人员数不包含兼营二、三产业的农、林、牧、渔业法人单位，不包含人民银行、银保监会、证监会监管的金融业以及铁路运输部门单位数据；

三、本资料建筑业按法人单位注册地，其他行业按法人单位经营地进行汇总；

四、本资料对部分数据由于计量单位取舍不同或四舍五入而产生的误差数均未作机械调整；

五、表中空格表示该项统计指标数值为零、不足最小单位、数据不详或无该项数据，“#”表示其中的主要项；

六、为了更准确地使用本年鉴，每卷后附有该卷详细的指标解释。

我们希望此书的面世，能使社会各界对我省第四次全国经济普查有一个全面的了解，更愿本书的内容，能为社会经济研究工作者提供有价值的参考。

第四次全国经济普查资料是全省普查工作者共同辛勤工作的成果，也是广大普查对象积极支持配合的结果。在此，我们向全省所有普查工作者、普查对象和所有参与和支持普查工作的人员致以崇高的敬意和衷心的感谢！

江苏省第四次全国经济普查领导小组办公室

2020 年 6 月

第二产业卷（下） 目录

第一篇 企业研发情况篇

第二篇 建筑业企业生产经营及财务状况篇

附　录

第1篇

企业研发情况篇

A.规上工业企业研发情况

1-A-1.0 按企业规模及登记注册类型分规上工业企业研发活动单位情况

单位：个

规模及登记注册类型	有 R&D 活动的企业数	有研发机构的企业数
总计	**19669**	**20298**
#大型企业	848	901
#中型企业	3771	4162
内资企业	**15745**	**16104**
国有企业	12	14
集体企业	39	42
股份合作企业	17	20
联营企业	3	3
国有联营企业	2	2
集体联营企业		
国有与集体联营企业		
其他联营企业	1	1
有限责任公司	2341	2367
国有独资公司	109	110
其他有限责任公司	2232	2257
股份有限公司	896	926
私营企业	12434	12729
私营独资企业	318	312
私营合伙企业	21	17
私营有限责任公司	11388	11672
私营股份有限公司	707	728
其他企业	3	3
港、澳、台商投资企业	**1403**	**1512**
合资经营企业（港或澳、台资）	503	540
合作经营企业（港或澳、台资）	13	13
港、澳、台商独资经营企业	836	906
港、澳、台商投资股份有限公司	45	48
其他港澳台投资企业	6	5
外商投资企业	**2521**	**2682**
中外合资经营企业	820	829
中外合作经营企业	17	18
外资企业	1634	1781
外商投资股份有限公司	47	48
其他外商投资企业	3	6

注：规模以上工业的统计范围为年主营业务收入 2000 万元及以上的工业企业。

1-A-1.1 按行业分规上工业企业研发活动单位情况

单位：个

行 业	有 R&D 活动的企业数	有研发机构的企业数
总计	**19669**	**20298**
煤炭开采和洗选业	3	3
石油和天然气开采业	2	2
黑色金属矿采选业		
有色金属矿采选业	1	1
非金属矿采选业	7	7
开采专业及辅助性活动	1	1
其他采矿业		
农副食品加工业	394	416
食品制造业	189	173
酒、饮料和精制茶制造业	60	62
烟草制品业	4	4
纺织业	1204	1296
纺织服装、服饰业	598	689
皮革、毛皮、羽毛及其制品和制鞋业	136	138
木材加工和木、竹、藤、棕、草制品业	390	348
家具制造业	113	130
造纸和纸制品业	165	180
印刷和记录媒介复制业	185	186
文教、工美、体育和娱乐用品制造业	444	477
石油、煤炭及其他燃料加工业	51	54
化学原料和化学制品制造业	1357	1399
医药制造业	435	420
化学纤维制造业	265	282
橡胶和塑料制品业	930	955
非金属矿物制品业	913	907
黑色金属冶炼和压延加工业	327	349
有色金属冶炼和压延加工业	362	366
金属制品业	1325	1364
通用设备制造业	2210	2242
专用设备制造业	1820	1846
汽车制造业	981	1002
铁路、船舶、航空航天和其他运输设备制造业	368	386
电气机械和器材制造业	2184	2235
计算机、通信和其他电子设备制造业	1450	1575
仪器仪表制造业	556	561
其他制造业	33	42
废弃资源综合利用业	37	36
金属制品、机械和设备修理业	7	5
电力、热力生产和供应业	108	97
燃气生产和供应业	27	29
水的生产和供应业	27	33

1-A-1.2 各地区规上工业企业研发活动单位情况

单位：个

地　区	有 R&D 活动的企业数	有研发机构的企业数
总　计	**19669**	**20298**
苏　南	10618	11334
苏　中	4612	5095
苏　北	4439	3869
南　京	1161	1211
无　锡	2647	2793
徐　州	841	662
常　州	1582	1675
苏　州	4501	4786
南　通	1940	2449
连云港	318	292
淮　安	778	771
盐　城	1572	1169
扬　州	1368	1331
镇　江	727	869
泰　州	1304	1315
宿　迁	930	975

1-A-2.0 按企业规模及登记注册类型分规上工业企业 R&D 人员情况

规模及登记注册类型	R&D 人员合计（人）	#女性	#研究人员	R&D 人员折合全时当量合计（人年）
总计	**623444**	**144582**	**184390**	**455530**
#大型企业	183448	42415	59355	135132
#中型企业	184317	43684	54548	134477
内资企业	**438648**	**99030**	**128843**	**317545**
国有企业	492	107	230	381
集体企业	612	172	182	424
股份合作企业	427	126	77	349
联营企业	91	18	17	76
国有联营企业	43	10	15	40
集体联营企业				
国有与集体联营企业				
其他联营企业	48	8	2	36
有限责任公司	98255	21011	33333	68778
国有独资公司	10888	1757	4830	6213
其他有限责任公司	87367	19254	28503	62565
股份有限公司	59814	14115	19804	43737
私营企业	278932	63475	75188	203788
私营独资企业	3059	774	634	2180
私营合伙企业	226	39	37	148
私营有限责任公司	246406	56287	65778	179325
私营股份有限公司	29241	6375	8739	22135
其他企业	25	6	12	12
港、澳、台商投资企业	**67564**	**17701**	**20552**	**50245**
合资经营企业（港或澳、台资）	21617	5540	7126	16294
合作经营企业（港或澳、台资）	641	120	163	568
港、澳、台商独资经营企业	42315	11293	12220	31071
港、澳、台商投资股份有限公司	2867	720	1011	2203
其他港澳台投资企业	124	28	32	109
外商投资企业	**117232**	**27851**	**34995**	**87740**
中外合资经营企业	34870	7224	11285	25061
中外合作经营企业	836	160	314	684
外资企业	77235	19238	21866	58621
外商投资股份有限公司	4241	1211	1516	3353
其他外商投资企业	50	18	14	22

1-A-2.1 按行业分规上工业企业 R&D 人员情况

行　业	R&D 人员合计（人）	#女性	#研究人员	R&D 人员折合全时当量合计（人年）
总计	**623444**	**144582**	**184390**	**455530**
煤炭开采和洗选业	2311	51	1111	1147
石油和天然气开采业	18	5	10	11
黑色金属矿采选业				
有色金属矿采选业	53	14	17	23
非金属矿采选业	409	97	123	258
开采专业及辅助性活动	33	4	7	31
其他采矿业				
农副食品加工业	6229	1672	1907	4234
食品制造业	4096	1455	1235	2897
酒、饮料和精制茶制造业	2388	786	933	1622
烟草制品业	153	53	66	48
纺织业	24208	9282	5528	16796
纺织服装、服饰业	10547	4686	2842	7069
皮革、毛皮、羽毛及其制品和制鞋业	1637	569	358	1162
木材加工和木、竹、藤、棕、草制品业	4973	1355	891	3458
家具制造业	2647	694	529	1960
造纸和纸制品业	5130	1074	954	4078
印刷和记录媒介复制业	4336	1140	861	3228
文教、工美、体育和娱乐用品制造业	10283	3275	2558	7839
石油、煤炭及其他燃料加工业	1393	348	449	967
化学原料和化学制品制造业	38903	8675	11421	27150
医药制造业	21550	9210	9084	15900
化学纤维制造业	10687	2624	2030	7481
橡胶和塑料制品业	21793	5002	5274	16284
非金属矿物制品业	18192	3961	4777	13099
黑色金属冶炼和压延加工业	16627	2345	4544	12448
有色金属冶炼和压延加工业	9885	1857	2262	6999
金属制品业	32298	6102	7792	23343
通用设备制造业	61292	11635	19022	46115
专用设备制造业	49817	9105	15534	36180
汽车制造业	41479	7749	13931	30913
铁路、船舶、航空航天和其他运输设备制造业	16424	2757	5697	11937
电气机械和器材制造业	81012	17981	25061	59129
计算机、通信和其他电子设备制造业	94204	24142	27110	71832
仪器仪表制造业	22266	3946	8308	16293
其他制造业	539	139	129	386
废弃资源综合利用业	704	185	199	540
金属制品、机械和设备修理业	115	8	46	65
电力、热力生产和供应业	3692	406	1408	1835
燃气生产和供应业	521	74	151	405
水的生产和供应业	600	119	231	369

1-A-2.2 各地区规上工业企业 R&D 人员情况

地　区	R&D 人员合计（人）	#女性	#研究人员	R&D 人员折合全时当量合计（人年）
总　计	623444	144582	184390	455530
苏　南	410205	92895	121412	306503
苏　中	110988	27818	33164	79045
苏　北	102251	23869	29814	69982
南　京	55243	13298	21433	39000
无　锡	85516	18981	24711	61940
徐　州	21570	4979	7539	12792
常　州	61085	12662	18489	47173
苏　州	185622	42765	49981	142971
南　通	47273	12481	14478	33772
连云港	9519	3149	3506	6414
淮　安	15784	3622	4934	10640
盐　城	38424	8256	10443	28136
扬　州	31855	7118	9833	21535
镇　江	22739	5189	6798	15419
泰　州	31860	8219	8853	23738
宿　迁	16954	3863	3392	12000

1-A-3.0 按企业规模及登记注册类型分规上工业企业 R&D 经费内部支出情况

单位：万元

	R&D 经费内部支出合计	日常性支出		资产性支出		政府资金	企业资金	境外资金	其他资金
			#人员劳务费		#仪器和设备				
总计	**20245195**	**17886618**	**5695391**	**2358578**	**2318773**	**261796**	**19706743**	**120800**	**155856**
#大型企业	7590040	6823752	2209168	766288	752542	86584	7421305	61327	20824
#中型企业	5481239	4759648	1622264	721590	710886	72038	5317458	33854	57889
内资企业	**14221364**	**12649034**	**3727464**	**1572330**	**1545309**	**219859**	**13808983**	**61790**	**130731**
国有企业	16521	15522	7914	1000	321	40	15749	440	293
集体企业	17236	14996	3291	2240	2187	7	16992	50	187
股份合作企业	20038	5641	1995	14398	14393	78	19960		
联营企业	2370	2129	874	241	237		2269	101	
国有联营企业	1356	1308	700	48	48		1356		
集体联营企业									
国有与集体联营企业									
其他联营企业	1014	820	175	194	190		913	101	
有限责任公司	3479729	3151160	967637	328570	321069	52161	3370603	18344	38622
国有独资公司	326305	311576	106644	14729	14496	6429	316899	1464	1513
其他有限责任公司	3153424	2839583	860993	313841	306572	45732	3053704	16880	37108
股份有限公司	2073817	1901853	621132	171964	169310	61430	1991387	12025	8975
私营企业	8611015	7557124	2124461	1053891	1037767	106143	8391388	30830	82655
私营独资企业	118559	106398	21636	12161	11778	516	115328	750	1965
私营合伙企业	6679	5721	1679	958	939	50	6629		
私营有限责任公司	7687684	6749235	1849092	938449	924168	85978	7504357	25525	71824
私营股份有限公司	798094	695770	252054	102324	100882	19599	765074	4555	8865
其他企业	637	611	160	27	26		637		
港、澳、台商投资企业	**2236344**	**1898171**	**658428**	**338172**	**332873**	**18760**	**2197580**	**12505**	**7499**
合资经营企业（港或澳、台资）	759707	649739	189195	109967	108289	9313	744491	2516	3387
合作经营企业（港或澳、台资）	28961	27342	6983	1619	1617	108	28853		
港、澳、台商独资经营企业	1344710	1130884	430732	213826	210274	7179	1325006	8412	4112
港、澳、台商投资股份有限公司	100532	88398	30834	12134	12069	2023	96941	1568	
其他港澳台投资企业	2435	1808	685	627	624	138	2289	8	
外商投资企业	**3787488**	**3339413**	**1309499**	**448076**	**440590**	**23177**	**3700180**	**46505**	**17627**
中外合资经营企业	1371405	1200997	376052	170407	168564	10619	1336785	20608	3393
中外合作经营企业	27403	26204	7481	1199	1191		27352		51
外资企业	2150320	1891491	864643	258829	253283	11290	2100551	24297	14183
外商投资股份有限公司	237283	219770	61152	17513	17424	1269	234413	1601	
其他外商投资企业	1079	950	171	128	128		1079		

1-A-3.1 按行业分规上工业企业 R&D 经费内部支出情况

单位：万元

行　业	R&D 经费内部支出合计	日常性支出		资产性支出		政府资金	企业资金	境外资金	其他资金
			#人员劳务费		#仪器和设备				
总计	**20245195**	**17886618**	**5695391**	**2358578**	**2318773**	**261796**	**19706743**	**120800**	**155856**
煤炭开采和洗选业	31013	28881	13514	2132	2047		29319	1694	
石油和天然气开采业	194	184	85	10	10	74	120		
黑色金属矿采选业									
有色金属矿采选业	801	801	268			13	788		
非金属矿采选业	10170	8990	3488	1180	1129	732	9438		
开采专业及辅助性活动	8827	8709	251	117	111		8827		
其他采矿业									
农副食品加工业	267679	233185	49812	34493	33666	3530	258281	2109	3758
食品制造业	119178	106487	32761	12691	12485	1408	116655	225	890
酒、饮料和精制茶制造业	79100	65672	21802	13428	12834	670	75939	1	2490
烟草制品业	3259	2856	1526	403	397	29	2986		244
纺织业	723581	634955	184116	88625	86895	5007	704287	4478	9809
纺织服装、服饰业	270482	245733	86284	24749	24128	1490	266213	887	1892
皮革、毛皮、羽毛及其制品和制鞋业	51473	45842	12905	5630	5453	411	50376	208	478
木材加工和木、竹、藤、棕、草制品业	155024	135727	36071	19297	18872	1448	146167	46	7362
家具制造业	61012	49825	18966	11187	11093	587	59513	248	665
造纸和纸制品业	221153	206589	58235	14564	14296	826	216985	141	3200
印刷和记录媒介复制业	119946	87212	33018	32735	32389	850	116218	289	2589
文教、工美、体育和娱乐用品制造业	275451	249914	80950	25537	25070	2113	268086	1045	4207
石油、煤炭及其他燃料加工业	74309	62750	11613	11559	11367	64	73726	519	

1-A-3.1 续表

行　业	R&D经费内部支出合计	日常性支出	#人员劳务费	资产性支出	#仪器和设备	政府资金	企业资金	境外资金	其他资金
化学原料和化学制品制造业	1659274	1530100	405777	129174	127375	22833	1617290	9882	9269
医药制造业	1104503	1019779	246845	84724	83025	18480	1075911	4040	6072
化学纤维制造业	423614	394928	91659	28686	27276	3075	410233	3263	7044
橡胶和塑料制品业	577333	510700	187676	66633	65365	4615	567641	1076	4001
非金属矿物制品业	550658	476545	138760	74113	72699	10885	532562	2157	5054
黑色金属冶炼和压延加工业	1088592	939891	179422	148701	147250	8950	1073509	3803	2330
有色金属冶炼和压延加工业	389388	345599	91329	43788	43009	4720	378894	1291	4482
金属制品业	849726	717608	165605	132118	130375	7291	833524	4074	4837
通用设备制造业	1451487	1272464	445520	179022	175919	21621	1410078	7748	12040
专用设备制造业	1497963	1358063	502993	139899	138021	27854	1456631	7369	6109
汽车制造业	1245993	1068294	356507	177699	174264	7544	1212026	16054	10370
铁路、船舶、航空航天和其他运输设备制造业	540427	483243	172672	57184	55509	6972	529628	1653	2173
电气机械和器材制造业	3010120	2688692	907887	321428	317100	42918	2926843	17014	23346
计算机、通信和其他电子设备制造业	2550854	2169167	837945	381687	375544	40705	2472993	23430	13726
仪器仪表制造业	642047	573116	264143	68931	67701	13052	618007	5058	5930
其他制造业	14145	11225	4172	2920	2893	191	13839		115
废弃资源综合利用业	11356	10348	2230	1007	965	621	10498	27	210
金属制品、机械和设备修理业	1761	1759	1278	2	2		1761		
电力、热力生产和供应业	132033	112623	36547	19410	19174	134	130388	873	638
燃气生产和供应业	19531	17576	5766	1955	1937	10	18995		526
水的生产和供应业	11742	10587	4997	1156	1129	76	11569	98	

1-A-3.2 各地区规上工业企业 R&D 经费内部支出情况

单位：万元

地区	R&D经费内部支出合计	日常性支出	#人员劳务费	资产性支出	#仪器和设备	政府资金	企业资金	境外资金	其他资金
总计	**20245195**	**17886618**	**5695391**	**2358578**	**2318773**	**261796**	**19706743**	**120800**	**155856**
苏南	12437258	10999013	4053483	1438244	1414972	149143	12134413	88029	65672
苏中	4080503	3631787	898646	448716	440492	55559	3953004	19534	52407
苏北	3727435	3255818	743263	471617	463309	57094	3619326	13237	37777
南京	1809395	1580923	636778	228472	221905	39981	1743955	9239	16220
无锡	2965143	2610801	849619	354342	350014	20977	2927232	9847	7087
徐州	966392	852842	174758	113550	112009	8574	949658	3964	4196
常州	1810757	1639659	584081	171098	169298	20412	1778086	8862	3397
苏州	5180492	4568089	1799191	612403	603430	51981	5048464	53931	26117
南通	1691466	1494306	431994	197160	194506	25549	1655819	4779	5319
连云港	486258	447596	96590	38662	38103	13754	468925	1200	2379
淮安	599890	532772	116363	67118	65237	5646	569349	2128	22766
盐城	1213923	1030589	247956	183334	180892	19514	1181019	5240	8150
扬州	1133737	1006069	236341	127668	124062	15167	1077702	9423	31446
镇江	671471	599541	183814	71930	70325	15792	636677	6151	12851
泰州	1255300	1131411	230311	123889	121924	14843	1219483	5332	15643
宿迁	460972	392019	107595	68952	67069	9605	450375	705	287

1-A-4.0 按企业规模及登记注册类型分规上工业企业 R&D 经费外部支出情况

单位：万元

	R&D 经费外部支出合计	对境内研究机构支出	对境内高等学校支出	对境内企业支出	对境外支出
总计	**682296**	**141781**	**83473**	**249412**	**207629**
#大型企业	319763	59266	24021	105933	130543
#中型企业	178098	42034	19373	58111	58580
内资企业	**368650**	**96301**	**73967**	**167282**	**31100**
国有企业	372	108	30	234	
集体企业	290	71	161	59	
股份合作企业					
联营企业					
国有联营企业					
集体联营企业					
国有与集体联营企业					
其他联营企业					
有限责任公司	158920	38640	19639	89063	11578
国有独资公司	23980	2604	3594	15568	2214
其他有限责任公司	134941	36036	16045	73495	9364
股份有限公司	43808	7475	8556	24123	3654
私营企业	165259	50006	45582	53803	15868
私营独资企业	1105	679	295	93	37
私营合伙企业					
私营有限责任公司	148691	43413	41249	48811	15218
私营股份有限公司	15463	5914	4038	4899	612
其他企业					
港、澳、台商投资企业	**94864**	**12800**	**3902**	**17372**	**60790**
合资经营企业（港或澳、台资）	36078	6522	2790	9551	17215
合作经营企业（港或澳、台资）	341	306	35		
港、澳、台商独资经营企业	58278	5973	1032	7697	43576
港、澳、台商投资股份有限公司	168		44	124	
其他港澳台投资企业					
外商投资企业	**218782**	**32680**	**5605**	**64758**	**115739**
中外合资经营企业	73486	10142	3418	21508	38418
中外合作经营企业	269		9	260	
外资企业	137753	22224	1870	36340	77321
外商投资股份有限公司	7274	315	308	6651	
其他外商投资企业					

1-A-4.1 按行业分规上工业企业 R&D 经费外部支出情况

单位：万元

行 业	R&D 经费外部支出合计	对境内研究机构支出	对境内高等学校支出	对境内企业支出	对境外支出
总计	**682296**	**141781**	**83473**	**249412**	**207629**
煤炭开采和洗选业	2489	692	1681	104	11
石油和天然气开采业	16	4	8	4	
黑色金属矿采选业					
有色金属矿采选业	77	77			
非金属矿采选业	514	267	47	200	
开采专业及辅助性活动					
其他采矿业					
农副食品加工业	4243	1516	2494	178	56
食品制造业	2093	321	1470	119	183
酒、饮料和精制茶制造业	1293	93	1141	26	33
烟草制品业	224	8	158	58	
纺织业	12519	3151	3810	3584	1973
纺织服装、服饰业	4277	1574	1087	896	720
皮革、毛皮、羽毛及其制品和制鞋业	660	305	189	14	152
木材加工和木、竹、藤、棕、草制品业	895	158	693	21	22
家具制造业	366	165	179	22	
造纸和纸制品业	6268	1922	90	4246	10
印刷和记录媒介复制业	783	321	437	25	
文教、工美、体育和娱乐用品制造业	8302	422	1215	1381	5284
石油、煤炭及其他燃料加工业	4540	1303	37	1432	1768
化学原料和化学制品制造业	47201	11334	10461	11345	14061
医药制造业	100247	40959	7881	49817	1591
化学纤维制造业	3627	432	1049	1509	638
橡胶和塑料制品业	9966	778	1361	807	7020
非金属矿物制品业	6573	2564	2875	967	166
黑色金属冶炼和压延加工业	23339	4653	4628	14058	
有色金属冶炼和压延加工业	6498	3894	1984	614	6
金属制品业	10729	1800	3295	2507	3127
通用设备制造业	37737	12442	5453	7132	12711
专用设备制造业	31745	4310	6668	11683	9084
汽车制造业	110833	2866	1885	41018	65064
铁路、船舶、航空航天和其他运输设备制造业	28325	2874	2446	13647	9358
电气机械和器材制造业	52272	20629	10239	16644	4760
计算机、通信和其他电子设备制造业	105704	9342	2366	29232	64765
仪器仪表制造业	36663	4984	3580	23043	5056
其他制造业	31	2	29		
废弃资源综合利用业	606	117	187	302	
金属制品、机械和设备修理业	151		151		
电力、热力生产和供应业	19653	5478	1980	12182	13
燃气生产和供应业	441	9	87	345	
水的生产和供应业	399	15	132	252	

1-A-4.2 各地区规上工业企业 R&D 经费外部支出情况

单位：万元

地　区	R&D 经费外部支出合计	对境内研究机构支出	对境内高等学校支出	对境内企业支出	对境外支出
总　计	**682296**	**141781**	**83473**	**249412**	**207629**
苏　南	482447	95722	33634	199565	153527
苏　中	85980	19688	28434	21569	16288
苏　北	113870	26372	21406	28278	37815
南　京	125883	28989	8872	66865	21157
无　锡	85019	9889	6460	48023	20647
徐　州	27168	7439	6607	11440	1683
常　州	55724	26536	9949	10170	9069
苏　州	197808	23702	5910	67203	100993
南　通	36089	8460	12730	6360	8538
连云港	16040	8629	1895	3485	2032
淮　安	17296	1682	1682	1761	12170
盐　城	44698	7827	6604	8364	21903
扬　州	27595	5492	9156	7653	5294
镇　江	18013	6605	2442	7305	1661
泰　州	22296	5737	6548	7556	2455
宿　迁	8668	795	4618	3228	28

1-A-5.0 按企业规模及登记注册类型分规上工业企业办研发机构情况

	机构数（个）	机构人员（人）	#博士毕业	#硕士毕业	机构经费支出（万元）	仪器和设备原价（万元）
总计	**22469**	**599923**	**8236**	**51701**	**18420560**	**17864626**
#大型企业	1418	175092	1790	21844	6868413	6005834
#中型企业	4884	186315	2192	14001	5314947	5859851
内资企业	**17911**	**406715**	**6557**	**35135**	**12295332**	**11330189**
国有企业	17	629	8	90	14479	3681
集体企业	43	436	13	26	9240	9552
股份合作企业	20	427	1	11	9271	17923
联营企业	3	54	4	11	1917	3797
国有联营企业	2	44	4	11	1204	3587
集体联营企业						
国有与集体联营企业						
其他联营企业	1	10			713	210
有限责任公司	2782	90942	1426	12974	3021335	3267107
国有独资公司	155	8884	161	2802	314664	376516
其他有限责任公司	2627	82058	1265	10172	2706671	2890591
股份有限公司	1297	58527	973	6683	2057543	1974263
私营企业	13746	255677	4132	15339	7181291	6050932
私营独资企业	327	2573	39	136	89757	59904
私营合伙企业	17	114		5	3493	2945
私营有限责任公司	12489	222531	3606	13117	6296491	5382913
私营股份有限公司	913	30459	487	2081	791550	605171
其他企业	3	23		1	257	2936
港、澳、台商投资企业	**1686**	**71787**	**637**	**5143**	**2158199**	**2359352**
合资经营企业（港或澳、台资）	623	21281	252	1661	740609	794590
合作经营企业（港或澳、台资）	13	665	4	25	16430	17527
港、澳、台商独资经营企业	987	46833	321	3024	1303247	1314435
港、澳、台商投资股份有限公司	58	2886	57	426	96006	231368
其他港澳台投资企业	5	122	3	7	1908	1432
外商投资企业	**2872**	**121421**	**1042**	**11423**	**3967029**	**4175085**
中外合资经营企业	914	35406	393	3789	1378001	1380895
中外合作经营企业	19	753	3	9	24949	19004
外资企业	1872	80812	576	6733	2349052	2663753
外商投资股份有限公司	60	4368	69	883	213592	111155
其他外商投资企业	7	82	1	9	1434	279

1-A-5.1 按行业分规上工业企业办研发机构情况

行　业	机构数（个）	机构人员（人）	#博士毕业	#硕士毕业	机构经费支出（万元）	仪器和设备原价（万元）
总计	**22469**	**599923**	**8236**	**51701**	**18420560**	**17864626**
煤炭开采和洗选业	5	417	16	79	4302	9143
石油和天然气开采业	3	505	15	151	4792	10870
黑色金属矿采选业						
有色金属矿采选业	2	70		1	1193	1378
非金属矿采选业	7	188	3	25	7740	4184
开采专业及辅助性活动	1	32	2	4	9077	4016
其他采矿业						
农副食品加工业	433	5509	224	590	168903	262700
食品制造业	186	3376	100	363	84944	148114
酒、饮料和精制茶制造业	76	2043	28	181	57326	146077
烟草制品业	4	190	1	35	9126	18475
纺织业	1372	21977	237	850	501489	365549
纺织服装、服饰业	718	10156	61	368	195880	160448
皮革、毛皮、羽毛及其制品和制鞋业	141	1697	26	49	35989	18064
木材加工和木、竹、藤、棕、草制品业	355	3784	56	160	124340	72463
家具制造业	136	3228	37	153	50257	25629
造纸和纸制品业	191	4596	51	256	225475	82165
印刷和记录媒介复制业	189	4157	16	75	94483	156851
文教、工美、体育和娱乐用品制造业	507	9096	114	523	212535	149196
石油、煤炭及其他燃料加工业	64	1611	26	195	63327	53722
化学原料和化学制品制造业	1594	35793	949	3737	1381334	1165470
医药制造业	537	22252	785	5137	1078431	874860
化学纤维制造业	325	8198	82	391	298971	384050
橡胶和塑料制品业	1002	21506	188	1010	543032	658758
非金属矿物制品业	973	16921	318	1089	467714	397571
黑色金属冶炼和压延加工业	376	9993	156	731	771236	722637
有色金属冶炼和压延加工业	396	8213	147	414	329183	329045
金属制品业	1459	29359	363	1330	814872	971069
通用设备制造业	2479	59407	605	4251	1477315	1634603
专用设备制造业	2041	52103	698	5480	1432198	1153463
汽车制造业	1066	40766	369	3170	1389644	1384843
铁路、船舶、航空航天和其他运输设备制造业	426	16507	144	1783	477246	340937
电气机械和器材制造业	2637	77669	1145	8099	2778680	2458731
计算机、通信和其他电子设备制造业	1837	101123	787	7384	2661865	3006714
仪器仪表制造业	650	22460	369	3043	559650	537536
其他制造业	50	719	17	34	11945	13111
废弃资源综合利用业	42	651	22	45	13404	10150
金属制品、机械和设备修理业	5	95		3	1890	980
电力、热力生产和供应业	117	2293	63	378	58995	103897
燃气生产和供应业	34	641	11	34	11546	11881
水的生产和供应业	33	622	5	100	10236	15276

1-A-5.2 各地区规上工业企业办研发机构情况

地 区	机构数（个）	机构人员（人）	#博士毕业	#硕士毕业	机构经费支出（万元）	仪器和设备原价（万元）
总 计	**22469**	**599923**	**8236**	**51701**	**18420560**	**17864626**
苏 南	12564	409390	4122	35414	12406302	12548552
苏 中	5640	110166	2035	7397	3490410	2776817
苏 北	4265	80367	2079	8890	2523848	2539257
南 京	1478	56335	1015	10714	1922695	1599825
无 锡	2975	82212	676	5823	2554912	2942196
徐 州	733	16984	388	3174	637804	643002
常 州	1859	55153	566	4431	1596349	1551726
苏 州	5256	193436	1289	12731	5673598	5838883
南 通	2630	55476	627	3208	1676323	1271715
连云港	363	9879	274	1971	475146	370277
淮 安	824	15325	347	1145	490605	664969
盐 城	1331	22423	772	1918	495652	485056
扬 州	1538	25870	690	2354	763572	757293
镇 江	996	22254	576	1715	658748	615922
泰 州	1472	28820	718	1835	1050515	747810
宿 迁	1014	15756	298	682	424641	375953

1-A-6.0 按企业规模及登记注册类型分规上工业企业新产品开发和销售情况

	新产品开发项目数（项）	新产品开发经费支出（万元）	新产品销售收入（万元）	#出口
总计	**80921**	**24680855**	**284250383**	**63493280**
#大型企业	11552	9701821	146786203	44347111
#中型企业	20166	6461238	71425340	12304870
内资企业	**61533**	**16964132**	**175741083**	**22767467**
国有企业	53	35489	161179	90232
集体企业	88	20561	75457	1267
股份合作企业	56	23057	114099	
联营企业	7	1319	23595	7994
国有联营企业	4	303	18683	7994
集体联营企业				
国有与集体联营企业				
其他联营企业	3	1017	4912	
有限责任公司	12176	4226709	48346109	6964464
国有独资公司	1158	539755	7355929	1061861
其他有限责任公司	11018	3686955	40990180	5902603
股份有限公司	7561	2523145	31583680	4703948
私营企业	41589	10130649	95428009	10999562
私营独资企业	569	150614	750728	36902
私营合伙企业	40	7338	41685	2762
私营有限责任公司	36970	8999757	83500070	9406687
私营股份有限公司	4010	972941	11135527	1553212
其他企业	3	3204	8956	
港、澳、台商投资企业	**6979**	**2975492**	**45884377**	**13704186**
合资经营企业（港或澳、台资）	2600	948305	9633222	1588304
合作经营企业（港或澳、台资）	52	48290	830288	106067
港、澳、台商独资经营企业	3991	1871460	33698077	11264119
港、澳、台商投资股份有限公司	317	104651	1698507	741967
其他港澳台投资企业	19	2787	24282	3729
外商投资企业	**12409**	**4741231**	**62624922**	**27021628**
中外合资经营企业	4101	1703411	19473971	6393731
中外合作经营企业	66	30195	125955	37495
外资企业	7869	2763837	40472588	20320941
外商投资股份有限公司	364	241227	2538495	268052
其他外商投资企业	9	2560	13914	1408

1-A-6.1 按行业分规上工业企业新产品开发和销售情况

行 业	新产品开发项目数（项）	新产品开发经费支出（万元）	新产品销售收入（万元）	#出口
总计	**80921**	**24680855**	**284250383**	**63493280**
煤炭开采和洗选业	46	9583	90029	
石油和天然气开采业			66083	
黑色金属矿采选业				
有色金属矿采选业			36180	
非金属矿采选业	50	7761	215630	2300
开采专业及辅助性活动	1	12826	25269	
其他采矿业				
农副食品加工业	1052	312223	2044249	62352
食品制造业	651	127999	750707	68225
酒、饮料和精制茶制造业	221	93051	1575904	96
烟草制品业	35	8471	49699	1831
纺织业	2869	799710	6593172	1179764
纺织服装、服饰业	1017	266465	2800562	257437
皮革、毛皮、羽毛及其制品和制鞋业	255	62123	271536	16077
木材加工和木、竹、藤、棕、草制品业	656	188642	1379017	246029
家具制造业	353	73851	661419	162651
造纸和纸制品业	623	241391	4578543	271581
印刷和记录媒介复制业	507	125233	1060511	214465
文教、工美、体育和娱乐用品制造业	1324	317287	2165878	487930
石油、煤炭及其他燃料加工业	199	67200	2410394	91
化学原料和化学制品制造业	5651	1720630	20785274	3116843
医药制造业	3370	1270688	10438349	678539
化学纤维制造业	1100	522894	6255479	347661
橡胶和塑料制品业	3623	719471	7151011	1350489
非金属矿物制品业	2726	592239	4945472	450979
黑色金属冶炼和压延加工业	1625	1510655	14686916	880896
有色金属冶炼和压延加工业	1199	430965	5395822	633820
金属制品业	4760	1104783	9721531	1796363
通用设备制造业	9337	1869092	19779198	3962870
专用设备制造业	7965	1786285	17350337	3145233
汽车制造业	4970	1664688	17366538	1603473
铁路、船舶、航空航天和其他运输设备制造业	1897	653291	8943007	3199262
电气机械和器材制造业	10876	3693588	46045015	9608462
计算机、通信和其他电子设备制造业	7846	3584959	62129494	28986492
仪器仪表制造业	3479	727276	5855629	734294
其他制造业	78	18496	119446	22112
废弃资源综合利用业	91	10401	172091	30
金属制品、机械和设备修理业	25	1548	9986	3852
电力、热力生产和供应业	342	64555	186649	783
燃气生产和供应业	61	13000	70151	
水的生产和供应业	41	7536	68205	

1-A-6.2 各地区规上工业企业新产品开发和销售情况

地　区	新产品开发项目数（项）	新产品开发经费支出（万元）	新产品销售收入（万元）	
				#出口
总　计	**80921**	**24680855**	**284250383**	**63493280**
苏　南	51152	15303031	204979625	51828562
苏　中	17245	5188428	44740166	8341949
苏　北	12524	4189396	34530592	3322769
南　京	8542	2267888	28217947	3552266
无　锡	9861	3147403	35482716	5909714
徐　州	2271	1194765	9420114	1063428
常　州	6608	1888003	23109212	3577911
苏　州	22833	7188714	108272146	37573340
南　通	6722	2205540	20210260	4697405
连云港	1074	524643	5141475	508257
淮　安	1935	723878	5579399	646636
盐　城	5129	1175450	8810799	708128
扬　州	4942	1390668	12036230	1213649
镇　江	3308	811024	9897605	1215330
泰　州	5581	1592221	12493675	2430895
宿　迁	2115	570659	5578805	396321

1-A-7.0 按企业规模及登记注册类型分规上工业企业自主知识产权及相关情况

	专利申请数（件）	#发明专利	有效发明专利数（件）	拥有注册商标数（件）	形成国家或行业标准数（项）
总计	**165096**	**55944**	**176120**	**72405**	**2883**
#大型企业	28640	14013	40509	23588	792
#中型企业	34092	12248	45662	23395	912
内资企业	**133711**	**45253**	**132438**	**52914**	**2546**
国有企业	222	61	468	9	40
集体企业	153	35	50	24	1
股份合作企业	70	12	66	30	
联营企业	29	16	35	17	
国有联营企业	19	7	26	16	
集体联营企业					
国有与集体联营企业	9	9	9		
其他联营企业	1			1	
有限责任公司	26653	11431	30302	9454	649
国有独资公司	4062	2078	4834	678	88
其他有限责任公司	22591	9353	25468	8776	561
股份有限公司	14896	6294	22265	15258	603
私营企业	91688	27404	79252	28122	1253
私营独资企业	810	363	218	174	6
私营合伙企业	47	4	8	2	1
私营有限责任公司	82947	24097	67782	21814	982
私营股份有限公司	7884	2940	11244	6132	264
其他企业					
港、澳、台商投资企业	**12457**	**4511**	**16063**	**10046**	**181**
合资经营企业（港或澳、台资）	4566	1749	6252	2998	101
合作经营企业（港或澳、台资）	95	45	69	40	7
港、澳、台商独资经营企业	7122	2434	8924	6226	60
港、澳、台商投资股份有限公司	639	282	803	762	13
其他港澳台投资企业	35	1	15	20	
外商投资企业	**18928**	**6180**	**27619**	**9445**	**156**
中外合资经营企业	7412	2470	9883	3648	81
中外合作经营企业	131	38	138	89	2
外资企业	10392	3146	16277	4140	66
外商投资股份有限公司	982	518	1265	1566	7
其他外商投资企业	11	8	56	2	

1-A-7.1 按行业分规上工业企业自主知识产权及相关情况

行　业	专利申请数（件）	#发明专利	有效发明专利数（件）	拥有注册商标数（件）	形成国家或行业标准数（项）
总计	165096	55944	176120	72405	2883
煤炭开采和洗选业	62	10	97	23	
石油和天然气开采业	41	13	11	3	
黑色金属矿采选业	3				
有色金属矿采选业	3	3	14		
非金属矿采选业	45	28	38	5	3
开采专业及辅助性活动					
其他采矿业					
农副食品加工业	1619	495	1063	2115	36
食品制造业	1000	424	664	1414	6
酒、饮料和精制茶制造业	330	125	197	4786	22
烟草制品业	77	21	211	3	2
纺织业	6986	1852	3774	1726	53
纺织服装、服饰业	1904	554	1381	2138	33
皮革、毛皮、羽毛及其制品和制鞋业	229	62	130	134	1
木材加工和木、竹、藤、棕、草制品业	938	277	983	425	18
家具制造业	1330	277	1038	229	5
造纸和纸制品业	1119	321	1094	446	13
印刷和记录媒介复制业	1327	434	1036	132	7
文教、工美、体育和娱乐用品制造业	3477	744	2190	3370	22
石油、煤炭及其他燃料加工业	271	91	186	252	12
化学原料和化学制品制造业	9478	4460	12285	9102	408
医药制造业	3515	1840	5469	7739	103
化学纤维制造业	1634	651	1774	1049	85
橡胶和塑料制品业	6712	1960	6392	2112	87
非金属矿物制品业	5382	1690	4929	2287	195
黑色金属冶炼和压延加工业	2371	883	3075	544	41
有色金属冶炼和压延加工业	2013	623	2056	402	34
金属制品业	9821	2878	9028	2985	204
通用设备制造业	19201	5650	19762	4882	281
专用设备制造业	19413	6197	21943	7058	212
汽车制造业	9605	2612	9226	2477	64
铁路、船舶、航空航天和其他运输设备制造业	3468	1092	4760	1714	134
电气机械和器材制造业	24345	8254	28459	7987	459
计算机、通信和其他电子设备制造业	18085	7720	23104	2534	181
仪器仪表制造业	6208	2245	7304	2115	137
其他制造业	209	50	350	170	
废弃资源综合利用业	280	65	176	14	4
金属制品、机械和设备修理业	23	14	43		
电力、热力生产和供应业	2373	1298	1705	25	20
燃气生产和供应业	65	8	23	7	1
水的生产和供应业	134	23	150	1	

1-A-7.2 各地区规上工业企业自主知识产权及相关情况

地 区	专利申请数（件）	#发明专利	有效发明专利数（件）	拥有注册商标数（件）	形成国家或行业标准数（项）
总 计	**165096**	**55944**	**176120**	**72405**	**2883**
苏 南	103061	36330	129494	48836	1795
苏 中	33397	10174	25647	11555	699
苏 北	28638	9440	20979	12014	389
南 京	17565	7594	20760	8410	508
无 锡	21198	7117	26840	10601	292
徐 州	5060	1928	4911	1806	134
常 州	13632	3818	14524	5805	235
苏 州	42150	14721	59612	20427	621
南 通	15436	4750	12457	4260	230
连云港	2402	1063	3255	1990	60
淮 安	3402	1251	2312	2083	49
盐 城	13220	4130	6931	2693	109
扬 州	8933	2493	6842	3431	212
镇 江	8516	3080	7758	3593	139
泰 州	9028	2931	6348	3864	257
宿 迁	4554	1068	3570	3442	37

1-A-8.0 按企业规模及登记注册类型分规上工业企业政府相关政策落实情况

单位：万元

	使用来自政府部门的研发资金	研究开发费用加计扣除减免税	高新技术企业减免税
总计	**244870**	**1367125**	**2005217**
#大型企业	81240	493424	908163
#中型企业	63857	391689	648875
内资企业	**212028**	**952104**	**1196262**
国有企业	51	2820	50
集体企业	61	389	8
股份合作企业	78	541	565
联营企业		247	44
国有联营企业		247	44
集体联营企业			
国有与集体联营企业			
其他联营企业			
有限责任公司	52122	220240	311684
国有独资公司	6390	30493	16327
其他有限责任公司	45732	189747	295357
股份有限公司	58849	175905	287109
私营企业	100867	551962	596802
私营独资企业	460	2074	387
私营合伙企业	50	187	124
私营有限责任公司	81053	462132	466509
私营股份有限公司	19304	87569	129782
其他企业			
港、澳、台商投资企业	**18104**	**128882**	**385038**
合资经营企业（港或澳、台资）	8414	46153	117715
合作经营企业（港或澳、台资）	108	624	19160
港、澳、台商独资经营企业	7068	73234	229776
港、澳、台商投资股份有限公司	2376	8508	18387
其他港澳台投资企业	138	364	
外商投资企业	**14738**	**286139**	**423917**
中外合资经营企业	8178	87362	160666
中外合作经营企业		3464	2513
外资企业	5299	181987	237891
外商投资股份有限公司	1244	13319	22847
其他外商投资企业	18	7	

1-A-8.1 按行业分规上工业企业政府相关政策落实情况

单位：万元

行　业	使用来自政府部门的研发资金	研究开发费用加计扣除减免税	高新技术企业减免税
总计	**244870**	**1367125**	**2005217**
煤炭开采和洗选业		2482	
石油和天然气开采业		1585	659
黑色金属矿采选业			
有色金属矿采选业	13	118	1643
非金属矿采选业	732	188	1976
开采专业及辅助性活动		1089	
其他采矿业			
农副食品加工业	1951	6467	1828
食品制造业	1373	3796	6741
酒、饮料和精制茶制造业	643	2124	286
烟草制品业	29		
纺织业	4159	22603	20617
纺织服装、服饰业	1464	7657	1730
皮革、毛皮、羽毛及其制品和制鞋业	333	897	394
木材加工和木、竹、藤、棕、草制品业	1377	5026	4801
家具制造业	529	2714	1788
造纸和纸制品业	720	5960	48018
印刷和记录媒介复制业	814	5024	10028
文教、工美、体育和娱乐用品制造业	1990	10021	7670
石油、煤炭及其他燃料加工业	63	5667	1684
化学原料和化学制品制造业	18751	103926	210449
医药制造业	17914	98480	215346
化学纤维制造业	4039	23412	42399
橡胶和塑料制品业	3997	30376	59776
非金属矿物制品业	10794	37952	43643
黑色金属冶炼和压延加工业	7473	32440	90873
有色金属冶炼和压延加工业	2317	12640	17367
金属制品业	7398	44826	58366
通用设备制造业	21710	121380	200559
专用设备制造业	27708	151818	168458
汽车制造业	6614	96666	96149
铁路、船舶、航空航天和其他运输设备制造业	6590	48686	95019
电气机械和器材制造业	40771	233039	266733
计算机、通信和其他电子设备制造业	38703	180122	252952
仪器仪表制造业	12868	62415	73302
其他制造业	191	175	699
废弃资源综合利用业	606	1211	924
金属制品、机械和设备修理业		601	
电力、热力生产和供应业	144	2533	937
燃气生产和供应业	10	530	500
水的生产和供应业	82	478	907

1-A-8.2 各地区规上工业企业政府相关政策落实情况

单位：万元

地　区	使用来自政府部门的研发资金	研究开发费用加计扣除减免税	高新技术企业减免税
总　计	**244870**	**1367125**	**2005217**
苏　南	138482	954996	1530357
苏　中	52552	220528	255600
苏　北	53836	191601	219260
南　京	39309	165077	223711
无　锡	17977	134670	219934
徐　州	7517	57780	44014
常　州	20589	217616	189708
苏　州	46677	379796	825865
南　通	23897	106415	88210
连云港	15555	48313	87997
淮　安	3488	12636	23510
盐　城	19247	55355	44114
扬　州	13701	60060	60758
镇　江	13930	57838	71140
泰　州	14954	54052	106632
宿　迁	8028	17517	19625

1-A-9.0 按企业规模及登记注册类型分规上工业企业技术获取和改造情况

单位：万元

	引进境外技术经费支出	引进境外技术的消化吸收经费支出	购买境内技术经费支出	技术改造经费支出
总计	**300241**	**55863**	**140343**	**4022808**
#大型企业	174463	29025	38993	2487312
#中型企业	67444	11152	51320	818815
内资企业	**88540**	**37145**	**122347**	**3226476**
国有企业			120	2519
集体企业				1053
股份合作企业				1950
联营企业			74	289
国有联营企业				
集体联营企业				
国有与集体联营企业				
其他联营企业			74	289
有限责任公司	12855	7579	35285	976434
国有独资公司	726	4	1587	211558
其他有限责任公司	12129	7575	33698	764876
股份有限公司	25588	5395	22733	744922
私营企业	50098	24171	64135	1499309
私营独资企业	25		144	8543
私营合伙企业				368
私营有限责任公司	49003	23461	60613	1360878
私营股份有限公司	1070	710	3378	129519
其他企业				
港、澳、台商投资企业	**18122**	**1085**	**4348**	**317256**
合资经营企业（港或澳、台资）	2815	451	2367	159159
合作经营企业（港或澳、台资）				
港、澳、台商独资经营企业	15307	634	1949	149758
港、澳、台商投资股份有限公司			32	8339
其他港澳台投资企业				
外商投资企业	**193580**	**17633**	**13648**	**479076**
中外合资经营企业	89763	8750	7476	255696
中外合作经营企业				7761
外资企业	103816	8883	6172	207718
外商投资股份有限公司				7900
其他外商投资企业				

1-A-9.1 按行业分规上工业企业技术获取和改造情况

单位：万元

行　业	引进境外技术经费支出	引进境外技术的消化吸收经费支出	购买境内技术经费支出	技术改造经费支出
总计	**300241**	**55863**	**140343**	**4022808**
煤炭开采和洗选业				6831
石油和天然气开采业				770
黑色金属矿采选业				
有色金属矿采选业				453
非金属矿采选业				10194
开采专业及辅助性活动				
其他采矿业				
农副食品加工业	604	343	1071	17380
食品制造业		75	547	19444
酒、饮料和精制茶制造业	98	501	1332	13508
烟草制品业				86
纺织业	6332	940	4829	75923
纺织服装、服饰业	849	180	716	24545
皮革、毛皮、羽毛及其制品和制鞋业			481	2117
木材加工和木、竹、藤、棕、草制品业			64	15101
家具制造业			15	2682
造纸和纸制品业		221	17	77867
印刷和记录媒介复制业	11908	30	471	26249
文教、工美、体育和娱乐用品制造业	285	250	1765	23836
石油、煤炭及其他燃料加工业			994	108145
化学原料和化学制品制造业	44748	6647	13601	343566
医药制造业	6403	6583	22601	123726
化学纤维制造业	10571	155	4116	123279
橡胶和塑料制品业	25449	358	7158	60472
非金属矿物制品业	416	412	2508	92431
黑色金属冶炼和压延加工业	3303	2005	2011	669931
有色金属冶炼和压延加工业	1409	118	2624	59549
金属制品业	1360	1024	2139	139357
通用设备制造业	25743	3752	5729	234860
专用设备制造业	4409	3528	6847	157752
汽车制造业	70289	1791	6872	375791
铁路、船舶、航空航天和其他运输设备制造业	16140	1902	5568	58783
电气机械和器材制造业	28370	12155	17969	418425
计算机、通信和其他电子设备制造业	36558	5143	17384	483197
仪器仪表制造业	4958	7752	2991	61279
其他制造业				340
废弃资源综合利用业			41	669
金属制品、机械和设备修理业				252
电力、热力生产和供应业	42		7837	193220
燃气生产和供应业				492
水的生产和供应业			50	307

1-A-9.2 各地区规上工业企业技术获取和改造情况

单位：万元

地　区	引进境外技术经费支出	引进境外技术的消化吸收经费支出	购买境内技术经费支出	技术改造经费支出
总　计	**300241**	**55863**	**140343**	**4022808**
苏　南	242810	24085	74851	2434120
苏　中	19143	17166	34061	892167
苏　北	38289	14612	31431	696520
南　京	76945	6097	19472	700719
无　锡	64084	5215	15698	342934
徐　州	2222	2012	808	156523
常　州	12397	7242	16514	570935
苏　州	87539	5045	16848	663693
南　通	11107	8970	3261	241563
连云港	100	973	5462	81129
淮　安	20480	61	3746	45694
盐　城	15472	11416	20812	347696
扬　州	5473	249	16834	284277
镇　江	1846	488	6319	155839
泰　州	2563	7947	13966	366327
宿　迁	14	150	603	65478

B.非工业企业研发情况

1-B-1 非工业企业 R&D 活动情况

行　业	有 R&D 活动的企业（个）	R&D 人员合计（人）	R&D 人员折合全时当量（人年）	R&D 经费内部支出（万元）	R&D 经费外部支出（万元）
总计	**486**	**55814**	**40766**	**1668366**	**148189**
按企业规模分组					
#大型	188	39011	28150	1241302	113513
#中型	291	16708	12555	425835	34637
按登记注册类型分组					
内资企业	441	47437	33825	1341728	118671
港、澳、台商投资企业	17	2628	2313	87434	6540
外商投资企业	28	5749	4629	239204	22979
按国民经济大类分组					
建筑业	125	7290	4492	338180	15258
交通运输、仓储和邮政业	15	610	505	16824	1537
信息传输、软件和信息技术服务业	132	31822	24922	789060	66291
租赁和商务服务业	13	643	574	18563	2592
科学研究和技术服务业	182	15073	10018	499258	62138
水利、环境和公共设施管理业	15	220	162	5081	150
文化、体育和娱乐业	4	156	94	1400	224
按地区分组					
南　京	169	31257	23464	848995	69999
无　锡	52	3859	2692	156042	6193
徐　州	3	205	158	3503	1376
常　州	35	2063	1498	41406	61
苏　州	114	13013	10099	461192	56310
南　通	33	1777	895	61991	11077
连云港	4	271	73	23446	
淮　安	3	214	152	2597	
盐　城	19	448	243	11180	870
扬　州	13	1337	678	20479	1840
镇　江	13	500	314	13589	271
泰　州	20	707	390	19478	73
宿　迁	8	163	111	4467	120

1-B-2 非工业企业专利情况

单位：件

行　业	专利申请数	#发明专利	有效发明专利
总计	**8140**	**4319**	**11976**
按企业规模分组			
#大型	4440	2208	7019
#中型	3642	2095	4811
按登记注册类型分组			
内资企业	7169	3557	10367
港、澳、台商投资企业	348	239	198
外商投资企业	623	523	1411
按国民经济大类分组			
建筑业	2398	739	3341
交通运输、仓储和邮政业	64	36	106
信息传输、软件和信息技术服务业	1881	1548	3552
租赁和商务服务业	85	36	80
科学研究和技术服务业	3660	1940	4825
水利、环境和公共设施管理业	31	11	67
文化、体育和娱乐业	21	9	5
按地区分组			
南　京	3356	1699	5337
无　锡	818	510	1247
徐　州	93	53	116
常　州	397	174	550
苏　州	2227	1337	3115
南　通	415	195	506
连云港	239	157	569
淮　安	13	4	1
盐　城	45	18	49
扬　州	229	52	154
镇　江	238	93	187
泰　州	56	22	124
宿　迁	14	5	21

1-B-3 非工业企业办研发机构情况

行　业	机构数（个）	机构人员（人）	#博士毕业	#硕士毕业	机构经费支出（万元）	仪器和设备原价（万元）
总计	**706**	**68645**	**1024**	**15471**	**1794887**	**1092564**
按企业规模分组						
#大型	354	49436	666	12541	1371560	746293
#中型	343	19145	356	2919	422211	345973
按登记注册类型分组						
内资企业	663	59217	910	14140	1473880	1024259
港、澳、台商投资企业	14	3232	63	183	85659	14432
外商投资企业	29	6196	51	1148	235348	53874
按国民经济大类分组						
建筑业	224	13110	88	1066	434731	178717
交通运输、仓储和邮政业	11	357	5	16	9544	7141
信息传输、软件和信息技术服务业	209	37905	383	10096	865784	472070
租赁和商务服务业	12	595	6	49	12747	5416
科学研究和技术服务业	233	16244	534	4211	464363	426605
水利、环境和公共设施管理业	10	161	6	8	3444	981
文化、体育和娱乐业	7	273	2	25	4275	1634
按地区分组						
南　京	321	42520	606	12183	1156734	720257
无　锡	70	6602	126	590	205735	63548
徐　州	5	266	5	45	7622	5859
常　州	47	1904	38	236	28286	38507
苏　州	119	11361	117	1273	251450	177823
南　通	44	1077	18	170	26153	27308
连云港	17	1256	54	587	25147	12569
淮　安	3	288	1	18	3986	222
盐　城	9	251	1	15	3655	1841
扬　州	28	1521	31	219	31872	17984
镇　江	15	654	12	80	26252	11500
泰　州	22	821	10	51	25963	14326
宿　迁	6	124	5	4	2031	821

1-B-4 非工业企业政府相关政策落实情况

单位：万元

行　业	使用来自政府部门的研发资金	研究开发费用加计扣除减免税	高新技术企业减免税
总计	**39799**	**197327**	**157548**
按企业规模分组			
#大型	29911	147125	122466
#中型	9888	50058	35021
按登记注册类型分组			
内资企业	31170	169727	153946
港、澳、台商投资企业	63	16090	160
外商投资企业	8566	11511	3441
按国民经济大类分组			
建筑业	3654	25084	42061
交通运输、仓储和邮政业	147	641	635
信息传输、软件和信息技术服务业	8232	136381	73077
租赁和商务服务业	185	1483	885
科学研究和技术服务业	25759	32160	39270
水利、环境和公共设施管理业	1	1212	702
文化、体育和娱乐业	1821	367	917
按地区分组			
南　京	13480	125424	79300
无　锡	589	20233	9754
徐　州		2259	286
常　州	1015	4955	4471
苏　州	11014	35977	57934
南　通	793	301	915
连云港	12366	337	231
淮　安			499
盐　城		700	99
扬　州	184	2566	1304
镇　江	255	2595	1924
泰　州	103	768	137
宿　迁		1212	695

C.高技术产业研发情况

1-C-1 高技术产业R&D活动情况

行　业	有R&D活动的企业数（个）	R&D人员（人）	R&D人员折合全时当量（人年）	R&D经费内部支出（万元）	R&D经费外部支出（万元）
总计	**2943**	**157976**	**118287**	**5025960**	**267525**
医药制造业	**435**	**21550**	**15900**	**1104503**	**100247**
化学药品制造	226	13320	9780	832828	66060
中药饮品加工	20	1326	1009	56168	1793
中成药生产	29	1786	1165	56992	7024
兽用药品制造	26	684	497	17544	463
生物药品制品制造	64	2811	2103	104952	23913
卫生材料及医药用品制造	65	1440	1177	31701	980
药用辅料及包装材料	5	183	170	4318	14
航空、航天器及设备制造业	**28**	**778**	**584**	**28705**	**366**
飞机制造	11	351	271	10169	6
航天器及运载火箭制造	3	67	31	2952	50
航空、航天相关设备制造	8	186	155	8629	159
其他航空航天器制造	4	127	87	5750	
航空航天器修理	2	47	40	1205	151
电子及通信设备制造业	**1512**	**88347**	**64963**	**2634896**	**97603**
电子工业专用设备制造	68	2272	1767	76124	494
光纤、光缆及锂离子电池制造	127	7562	5344	339721	13306
通信设备制造、雷达及配套设备制造	149	12360	9422	324078	10160
广播电视设备制造	69	3557	2653	98225	1751
非专业视听设备制造	49	2593	1603	69711	2793
电子器件制造	375	23756	17988	727911	37263
电子元件及电子专用设备制造	579	28304	20316	775577	4901
智能消费设备制造	33	5692	4296	176797	26823
其他电子设备制造	63	2251	1576	46752	111
计算机及办公设备制造业	**152**	**16514**	**14571**	**350727**	**22066**
计算机整机制造	9	6837	6712	158236	
计算机零部件制造	65	6222	5391	117618	3960
计算机外围设备制造	44	1834	1182	31658	4606
工业控制计算机及系统制造	2	69	60	2202	
信息安全设备制造	1	2	1	226	16
其他计算机制造	11	704	616	18391	13320
办公设备制造	20	846	609	19396	164
医疗仪器设备及仪器仪表制造业	**789**	**29233**	**21428**	**838810**	**45525**
医疗仪器设备及器械制造	241	7300	5382	203554	8957
通用仪器仪表制造	380	15738	11507	483267	29488
专用仪器仪表制造	120	4828	3459	124732	4567
光学仪器制造	34	943	734	20695	2420
其他仪器仪表制造业	14	424	346	6563	94
信息化学品制造业	**27**	**1554**	**841**	**68319**	**1718**
信息化学品制造	27	1554	841	68319	1718

1-C-2 高技术产业新产品开发及销售情况

行业	新产品开发项目数（项）	新产品开发经费（万元）	新产品销售收入（万元）	#出口
总计	**17654**	**6539479**	**88085024**	**33174262**
医药制造业	**3370**	**1270688**	**10438349**	**678539**
化学药品制造	2034	973170	7291084	324607
中药饮品加工	133	52435	1001276	5670
中成药生产	245	69569	659118	354
兽用药品制造	140	14669	79064	4966
生物药品制品制造	528	114038	1044023	221749
卫生材料及医药用品制造	266	40673	307673	117781
药用辅料及包装材料	24	6135	56111	3413
航空、航天器及设备制造业	**172**	**44364**	**171714**	**74134**
飞机制造	44	22209	61511	1039
航天器及运载火箭制造	15	3163	9136	
航空、航天相关设备制造	73	12895	85577	71175
其他航空航天器制造	32	5744	10062	1920
航空航天器修理	8	352	5428	
电子及通信设备制造业	**8233**	**3408731**	**48176239**	**20336750**
电子工业专用设备制造	333	96837	635160	148512
光纤、光缆及锂离子电池制造	861	453729	5876058	1881647
通信设备制造、雷达及配套设备制造	1025	410741	9844113	4096501
广播电视设备制造	416	117895	1518183	200300
非专业视听设备制造	285	107350	2305649	1208046
电子器件制造	1890	896589	12522193	6369426
电子元件及电子专用设备制造	2794	1025022	12376347	5205392
智能消费设备制造	345	237832	2525639	1171110
其他电子设备制造	284	62738	572897	55816
计算机及办公设备制造业	**924**	**748748**	**20689883**	**10751083**
计算机整机制造	97	457139	13341704	6060576
计算机零部件制造	392	170961	2978861	1802661
计算机外围设备制造	223	58238	2771313	2117373
工业控制计算机及系统制造	17	15611	349812	322944
信息安全设备制造	2	1046	1885	1885
其他计算机制造	74	23119	1008750	374462
办公设备制造	119	22634	237559	71182
医疗仪器设备及仪器仪表制造业	**4831**	**983777**	**7548444**	**1201326**
医疗仪器设备及器械制造	1395	263568	1765701	467032
通用仪器仪表制造	2466	544026	4374915	497752
专用仪器仪表制造	755	143084	1132427	161894
光学仪器制造	155	23881	193354	73547
其他仪器仪表制造业	60	9218	82047	1101
信息化学品制造业	**124**	**83172**	**1060396**	**132431**
信息化学品制造	124	83172	1060396	132431

1-C-3　高技术产业专利情况

单位：件

行　业	专利申请数	#发明专利	有效发明专利
总计	**35009**	**14495**	**43959**
医药制造业	**3515**	**1840**	**5469**
化学药品制造	1849	1137	3267
中药饮品加工	144	88	125
中成药生产	285	153	857
兽用药品制造	136	67	146
生物药品制品制造	518	260	709
卫生材料及医药用品制造	545	125	321
药用辅料及包装材料	38	10	44
航空、航天器及设备制造业	**240**	**82**	**243**
飞机制造	96	25	98
航天器及运载火箭制造	24	10	29
航空、航天相关设备制造	58	35	62
其他航空航天器制造	53	9	21
航空航天器修理	9	3	33
电子及通信设备制造业	**19830**	**8337**	**24694**
电子工业专用设备制造	1302	498	1780
光纤、光缆及锂离子电池制造	2345	890	2276
通信设备制造、雷达及配套设备制造	2065	786	2414
广播电视设备制造	520	174	569
非专业视听设备制造	515	178	439
电子器件制造	7075	3693	8439
电子元件及电子专用设备制造	4798	1767	7932
智能消费设备制造	639	196	445
其他电子设备制造	571	155	400
计算机及办公设备制造业	**2050**	**823**	**2634**
计算机整机制造	208	165	378
计算机零部件制造	876	235	1064
计算机外围设备制造	711	352	905
工业控制计算机及系统制造	8		51
信息安全设备制造			
其他计算机制造	99	19	59
办公设备制造	148	52	177
医疗仪器设备及仪器仪表制造业	**8846**	**3093**	**10633**
医疗仪器设备及器械制造	2711	880	3552
通用仪器仪表制造	4645	1755	5239
专用仪器仪表制造	1195	365	1439
光学仪器制造	205	71	284
其他仪器仪表制造业	90	22	119
信息化学品制造业	**528**	**320**	**286**
信息化学品制造	528	320	286

1-C-4 高技术产业技术获取和改造情况

单位：万元

行　业	技术改造经费支出	购买境内技术经费支出	引进境外技术经费支出	引进境外技术的消化吸收经费支出
总计	**751304**	**51281**	**52011**	**27845**
医药制造业	**123726**	**22601**	**6403**	**6583**
化学药品制造	70711	13942	6351	6265
中药饮品加工	33885			
中成药生产	9328	2820		257
兽用药品制造	3577	5581		
生物药品制品制造	2875	80		
卫生材料及医药用品制造	2005	178	53	62
药用辅料及包装材料	1345			
航空、航天器及设备制造业	**1512**		**186**	
飞机制造	1003			
航天器及运载火箭制造	436			
航空、航天相关设备制造	72		186	
其他航空航天器制造				
航空航天器修理				
电子及通信设备制造业	**496918**	**24303**	**36914**	**13345**
电子工业专用设备制造	292	69		240
光纤、光缆及锂离子电池制造	69163	6857	3420	7962
通信设备制造、雷达及配套设备制造	15025	514	1271	181
广播电视设备制造	7055	125	3774	2992
非专业视听设备制造	8469	9968	58	
电子器件制造	227942	992	2512	1381
电子元件及电子专用设备制造	132005	4173	25411	240
智能消费设备制造	33672	1189		
其他电子设备制造	3294	417	468	348
计算机及办公设备制造业	**56725**	**7**	**3064**	
计算机整机制造	22084			
计算机零部件制造	29311	7	3064	
计算机外围设备制造	724			
工业控制计算机及系统制造				
信息安全设备制造	359			
其他计算机制造	3255			
办公设备制造	991			
医疗仪器设备及仪器仪表制造业	**65631**	**4310**	**5445**	**7918**
医疗仪器设备及器械制造	4455	1320	487	165
通用仪器仪表制造	43617	1249	3606	6889
专用仪器仪表制造	16924	1742	1159	863
光学仪器制造	184		192	
其他仪器仪表制造业	451			
信息化学品制造业	**6792**	**60**		
信息化学品制造	6792	60		

第2篇

建筑业企业生产经营及财务状况篇

A.全部建筑业企业生产经营及财务状况

2-A-1 各地区全社会建筑业企业个数

单位：个

地 区	企业合计	总承包和专业承包企业	劳务分包企业	资质以外企业
总 计	**119511**	**9787**	**379**	**109345**
南 京	12838	1646	62	11130
无 锡	12392	594	27	11771
徐 州	9178	540	8	8630
常 州	5741	722	25	4994
苏 州	29528	1347	42	28139
南 通	9697	1037	39	8621
连云港	5492	306	7	5179
淮 安	6014	574	41	5399
盐 城	8670	812	56	7802
扬 州	6734	670	31	6033
镇 江	4541	400	6	4135
泰 州	4770	753	21	3996
宿 迁	3916	386	14	3516

2-A-2　各地区全社会建筑业企业期末人数

单位：人

地　区	企业合计	总承包和专业承包企业	劳务分包企业	资质以外企业
总　计	**9173698**	**7954976**	**72521**	**1146201**
南　京	992602	843475	9547	139580
无　锡	287040	192180	2406	92454
徐　州	612373	501407	768	110198
常　州	552156	488203	8637	55316
苏　州	733850	483830	11231	238789
南　通	1871405	1729313	16886	125206
连云港	309650	264638	599	44413
淮　安	542236	480109	7427	54700
盐　城	614899	515557	6924	92418
扬　州	958234	885258	2296	70680
镇　江	171088	126188	2454	42446
泰　州	1182670	1142162	1832	38676
宿　迁	345495	302656	1514	41325

2-A-3 各地区全社会建筑业企业资产总计

单位：亿元

地 区	企业合计	总承包和专业承包企业	劳务分包企业	资质以外企业
总 计	**32422.39**	**20731.90**	**79.93**	**11610.55**
南 京	6552.29	4304.89	9.43	2237.97
无 锡	1735.07	1092.12	4.32	638.63
徐 州	1372.03	787.72	0.84	583.46
常 州	1929.07	1417.17	4.29	507.61
苏 州	5683.24	2599.56	12.67	3071.01
南 通	5411.62	4035.67	16.13	1359.81
连云港	804.98	417.17	0.38	387.43
淮 安	1579.48	753.14	9.64	816.70
盐 城	1599.96	1160.73	7.11	432.11
扬 州	2242.59	1762.03	5.69	474.88
镇 江	1173.49	748.52	4.57	420.41
泰 州	1783.87	1209.38	2.26	572.23
宿 迁	554.70	443.80	2.60	108.30

2-A-4　各地区全社会建筑业企业负债合计

单位：亿元

地　区	企业合计	总承包和专业承包企业	劳务分包企业	资质以外企业
总　计	**19062.30**	**11873.95**	**51.77**	**7136.58**
南　京	4509.27	2960.29	2.91	1546.07
无　锡	1085.36	680.19	2.15	403.02
徐　州	645.85	338.41	0.09	307.35
常　州	1168.60	797.72	2.57	368.31
苏　州	3382.34	1667.55	11.18	1703.61
南　通	3073.34	2305.89	12.48	754.97
连云港	364.70	181.60	0.17	182.92
淮　安	899.34	325.99	5.80	567.55
盐　城	768.93	547.53	2.84	218.56
扬　州	1202.11	921.46	4.17	276.49
镇　江	819.92	484.93	4.26	330.74
泰　州	941.42	508.48	1.34	431.59
宿　迁	201.12	153.91	1.81	45.40

2-A-5 各地区全社会建筑业企业营业收入

单位：亿元

地 区	企业合计	总承包和专业承包企业	劳务分包企业	资质以外企业
总 计	**29654.63**	**25778.70**	**114.69**	**3761.25**
南 京	4439.94	3904.22	13.99	521.74
无 锡	1278.47	973.81	3.49	301.17
徐 州	1742.21	1287.48	1.31	453.42
常 州	1596.98	1429.51	7.28	160.19
苏 州	2940.81	2296.00	9.77	635.04
南 通	7109.66	6679.89	31.65	398.12
连云港	758.89	622.98	0.44	135.47
淮 安	1285.87	1107.53	7.47	170.87
盐 城	1710.33	1387.25	10.66	312.42
扬 州	2887.83	2636.19	12.85	238.79
镇 江	724.29	533.39	10.04	180.86
泰 州	2483.57	2337.73	2.01	143.83
宿 迁	695.79	582.73	3.73	109.33

2-A-6　各地区全社会建筑业企业营业利润

单位：亿元

地　区	企业合计	总承包和专业承包企业	劳务分包企业	资质以外企业
总　计	**1458.16**	**1159.22**	**3.90**	**295.04**
南　京	166.07	142.03	1.25	22.80
无　锡	62.40	43.69	0.11	18.60
徐　州	115.52	58.47	0.08	56.98
常　州	60.98	53.45	0.27	7.26
苏　州	111.62	102.75	0.17	8.70
南　通	324.46	283.30	0.50	40.67
连云港	51.32	33.69	0.03	17.60
淮　安	77.72	55.41	0.45	21.86
盐　城	87.45	58.17	0.54	28.74
扬　州	171.43	144.00	0.17	27.25
镇　江	45.48	24.57	0.07	20.83
泰　州	137.71	127.51	0.11	10.09
宿　迁	46.01	32.20	0.15	13.66

2-A-7 各地区全社会建筑业企业劳动报酬

单位：亿元

地　区	企业合计	总承包和专业承包企业	劳务分包企业	资质以外企业
总　计	**6388.68**	**5630.30**	**56.49**	**701.89**
南　京	800.81	693.32	7.82	99.66
无　锡	215.53	165.78	1.11	48.64
徐　州	386.03	320.29	0.39	65.36
常　州	352.02	310.77	5.27	35.97
苏　州	480.44	354.66	5.06	120.72
南　通	1518.80	1419.51	15.50	83.79
连云港	187.34	160.18	0.21	26.95
淮　安	333.59	295.84	3.86	33.89
盐　城	393.33	333.23	3.97	56.14
扬　州	702.82	649.53	4.39	48.90
镇　江	132.07	93.12	7.18	31.78
泰　州	702.01	678.07	0.98	22.96
宿　迁	183.88	156.00	0.75	27.13

2-A-8 各行业全社会建筑业企业个数

单位：个

行业	企业合计	总承包和专业承包企业	劳务分包企业	资质以外企业
总计	**119511**	**9787**	**379**	**109345**
房屋建筑业	23158	4080	202	18876
住宅房屋建筑	17721	3443	162	14116
体育场馆建筑	31	22	1	8
其他房屋建筑业	5406	615	39	4752
土木工程建筑业	25519	2362	31	23126
铁路、道路、隧道和桥梁工程建筑	8330	1423	7	6900
水利和水运工程建筑	1445	216	1	1228
架线及设备工程建筑	1610	218	3	1389
电力工程施工	697	42	0	655
海洋工程建筑	42	1	1	40
工矿工程建筑	345	42	0	303
节能环保工程	897	24	0	873
其他土木工程建筑	12153	396	19	11738
建筑安装业	24161	1522	43	22596
电气安装	6345	611	12	5722
管道和设备安装	6444	320	13	6111
其他建筑安装	11372	591	18	10763
建筑装饰、装修和其他建筑业	46673	1823	103	44747
建筑装饰和装修业	36125	1263	21	34841
建筑物拆除和场地准备活动	2502	129	6	2367
提供施工设备服务	456	57	1	398
其他未列明建筑业	7590	374	75	7141

2-A-9 各行业全社会建筑业企业期末人数

单位：人

行业	企业合计	总承包和专包企业	劳务分包企业	资质以外企业
总计	**9173698**	**7954976**	**72521**	**1146201**
房屋建筑业	6563733	6276388	43371	243974
住宅房屋建筑	5794388	5568228	39103	187057
体育场馆建筑	12169	12117	15	37
其他房屋建筑业	757176	696043	4253	56880
土木工程建筑业	1149311	869780	3944	275587
铁路、道路、隧道和桥梁工程建筑	669804	573428	308	96068
水利和水运工程建筑	129135	114866	40	14229
架线及设备工程建筑	58669	37467	186	21016
电力工程施工	25152	16190		8962
海洋工程建筑	1226	254	560	412
工矿工程建筑	27167	23123		4044
节能环保工程	10397	1564		8833
其他土木工程建筑	227761	102888	2850	122023
建筑安装业	659154	402584	3542	253028
电气安装	240339	177035	799	62505
管道和设备安装	143698	84592	467	58639
其他建筑安装	275117	140957	2276	131884
建筑装饰、装修和其他建筑业	801500	406224	21664	373612
建筑装饰和装修业	544401	315750	3105	225546
建筑物拆除和场地准备活动	44846	22472	571	21803
提供施工设备服务	12581	5362	23	7196
其他未列明建筑业	199672	62640	17965	119067

2-A-10　各行业全社会建筑业企业资产总计

单位：亿元

行　　业	企业合计	总承包和专业承包企业	劳务分包企业	资质以外企业
总计	**32422.39**	**20731.90**	**79.93**	**11610.55**
房屋建筑业	14552.83	11919.56	45.81	2587.46
住宅房屋建筑	11951.40	10169.89	40.78	1740.74
体育场馆建筑	31.33	31.24	0.05	0.04
其他房屋建筑业	2570.09	1718.43	4.98	846.68
土木工程建筑业	11042.08	5496.13	5.40	5540.54
铁路、道路、隧道和桥梁工程建筑	6969.77	3481.35	1.49	3486.93
水利和水运工程建筑	1070.37	604.31	0.09	465.98
架线及设备工程建筑	528.57	410.54	1.23	116.80
电力工程施工	198.10	147.87		50.23
海洋工程建筑	39.73	16.37	0.07	23.29
工矿工程建筑	292.14	245.10		47.04
节能环保工程	107.85	63.36		44.49
其他土木工程建筑	1835.55	527.23	2.53	1305.79
建筑安装业	2632.83	1719.17	3.58	910.08
电气安装	1025.15	796.47	0.76	227.93
管道和设备安装	702.01	529.89	0.72	171.40
其他建筑安装	905.66	392.81	2.11	510.74
建筑装饰、装修和其他建筑业	4194.66	1597.05	25.14	2572.47
建筑装饰和装修业	2722.99	1246.45	4.08	1472.46
建筑物拆除和场地准备活动	539.57	73.62	1.85	464.10
提供施工设备服务	38.54	26.22	0.05	12.26
其他未列明建筑业	893.56	250.76	19.16	623.64

2-A-11 各行业全社会建筑业企业负债合计

单位：亿元

行业	企业合计	总承包和专业承包企业	劳务分包企业	资质以外企业
总计	**19062.30**	**11873.95**	**51.77**	**7136.58**
房屋建筑业	8404.70	6617.31	30.16	1757.23
住宅房屋建筑	6820.25	5663.46	27.26	1129.53
体育场馆建筑	19.93	19.88	0.05	0.01
其他房屋建筑业	1564.52	933.97	2.86	627.69
土木工程建筑业	7047.05	3366.74	1.86	3678.44
铁路、道路、隧道和桥梁工程建筑	4438.15	2087.32	0.69	2350.14
水利和水运工程建筑	730.90	399.50	0.04	331.36
架线及设备工程建筑	324.98	252.90	0.50	71.58
电力工程施工	144.30	115.82		28.48
海洋工程建筑	35.83	19.89	0.05	15.89
工矿工程建筑	182.98	151.24		31.74
节能环保工程	49.45	25.51		23.94
其他土木工程建筑	1140.47	314.57	0.57	825.32
建筑安装业	1549.00	1009.72	1.45	537.83
电气安装	597.93	477.67	0.37	119.89
管道和设备安装	416.52	331.56	0.27	84.70
其他建筑安装	534.55	200.49	0.82	333.25
建筑装饰、装修和其他建筑业	2061.55	880.18	18.30	1163.07
建筑装饰和装修业	988.13	690.66	2.30	295.17
建筑物拆除和场地准备活动	451.96	42.02	1.35	408.59
提供施工设备服务	21.16	15.43		5.73
其他未列明建筑业	600.30	132.07	14.65	453.58

2-A-12　各行业全社会建筑业企业营业收入

单位：亿元

行　业	企业合计	总承包和专业承包企业	劳务分包企业	资质以外企业
总计	**29654.63**	**25778.70**	**114.69**	**3761.25**
房屋建筑业	18716.91	17765.68	68.12	883.11
住宅房屋建筑	16188.64	15465.81	59.84	662.99
体育场馆建筑	25.50	25.40	0.03	0.07
其他房屋建筑业	2502.77	2274.47	8.25	220.05
土木工程建筑业	5441.10	4357.65	4.45	1079.01
铁路、道路、隧道和桥梁工程建筑	3155.39	2736.47	0.73	418.19
水利和水运工程建筑	564.35	505.37	0.04	58.94
架线及设备工程建筑	2.77	0.56	0.03	2.18
电力工程施工	161.12	132.80		28.32
海洋工程建筑	393.34	318.81	0.99	73.53
工矿工程建筑	49.27	12.98		36.29
节能环保工程	219.74	175.71		44.04
其他土木工程建筑	895.13	474.94	2.66	417.53
建筑安装业	2760.26	1972.08	5.92	782.27
电气安装	1119.17	899.40	1.02	218.76
管道和设备安装	772.52	594.79	0.57	177.15
其他建筑安装	868.57	477.89	4.33	386.35
建筑装饰、装修和其他建筑业	2736.36	1683.29	36.20	1016.86
建筑装饰和装修业	1945.64	1336.10	5.37	604.17
建筑物拆除和场地准备活动	159.58	87.71	1.79	70.09
提供施工设备服务	30.84	14.64	0.08	16.12
其他未列明建筑业	600.30	244.85	28.96	326.48

2-A-13 各行业全社会建筑业企业营业利润

单位：亿元

行业	企业合计	总承包和专业承包企业	劳务分包企业	资质以外企业
总计	**1458.16**	**1159.22**	**3.90**	**295.04**
房屋建筑业	838.86	751.74	2.27	84.85
住宅房屋建筑	717.91	648.10	1.62	68.19
体育场馆建筑	1.14	1.13		0.01
其他房屋建筑业	119.81	102.52	0.65	16.64
土木工程建筑业	310.15	221.84	0.25	88.07
铁路、道路、隧道和桥梁工程建筑	177.64	146.95	0.04	30.65
水利和水运工程建筑	28.91	24.17		4.73
架线及设备工程建筑	-0.54	-0.67	0.01	0.12
电力工程施工	6.23	2.24		3.99
海洋工程建筑	25.11	19.99	0.08	5.04
工矿工程建筑	3.23	0.87		2.36
节能环保工程	11.64	8.09		3.55
其他土木工程建筑	57.94	20.20	0.12	37.62
建筑安装业	137.42	88.50	0.24	48.68
电气安装	55.49	41.27	0.04	14.18
管道和设备安装	36.41	24.83	0.03	11.55
其他建筑安装	45.52	22.39	0.17	22.96
建筑装饰、装修和其他建筑业	171.73	97.14	1.14	73.45
建筑装饰和装修业	129.70	80.62	0.21	48.86
建筑物拆除和场地准备活动	8.13	3.62	0.05	4.46
提供施工设备服务	2.40	0.88	0.01	1.51
其他未列明建筑业	31.50	12.02	0.87	18.61

2-A-14 各行业全社会建筑业企业劳动报酬

单位：亿元

行业	企业合计	总承包和专业承包企业	劳务分包企业	资质以外企业
总计	**6388.68**	**5630.30**	**56.49**	**701.89**
房屋建筑业	4415.58	4228.43	35.96	151.20
住宅房屋建筑	3894.86	3748.82	31.16	114.88
体育场馆建筑	9.30	9.27	0.01	0.02
其他房屋建筑业	511.43	470.33	4.80	36.30
土木工程建筑业	903.60	730.42	2.44	170.74
铁路、道路、隧道和桥梁工程建筑	519.33	461.62	0.20	57.51
水利和水运工程建筑	108.44	99.20	0.03	9.21
架线及设备工程建筑	0.85	0.20	0.35	0.30
电力工程施工	27.21	24.47		2.74
海洋工程建筑	62.96	47.25	0.15	15.56
工矿工程建筑	7.50	2.04		5.47
节能环保工程	27.62	21.19		6.43
其他土木工程建筑	149.70	74.46	1.71	73.53
建筑安装业	499.35	344.31	3.72	151.31
电气安装	190.40	152.21	0.28	37.92
管道和设备安装	121.38	86.57	0.21	34.60
其他建筑安装	187.56	105.53	3.24	78.79
建筑装饰、装修和其他建筑业	570.16	327.15	14.36	228.65
建筑装饰和装修业	372.24	246.86	1.88	123.50
建筑物拆除和场地准备活动	28.12	15.26	0.56	12.30
提供施工设备服务	6.10	2.82	0.02	3.26
其他未列明建筑业	163.70	62.21	11.90	89.60

B.总承包和专业承包建筑业企业生产经营及财务状况

2-B-1.1 按经济类型划分的总承包和专业承包企业主要经济指标

指标	单位	合计	内资企业	#国有	#集体	港澳台商投资企业	#港澳台商独资企业	外商投资企业	#外商独资企业
企业个数	个	9310	9240	186	83	29	9	41	19
建筑业企业期末人数	万人	795.5	793.8	20.2	3.2	0.7	0.4	1.0	0.5
自有固定资产原价	亿元	2371.5	2345.1	178.8	13.2	7.0	1.4	19.3	11.3
自有固定资产净价	亿元	1380.9	1366.4	88.6	6.9	4.1	1.0	10.4	5.8
自有机械设备年末总台数	万台	135.6	135.1	6.4	0.8	0.2	0.0	0.3	0.1
自有机械设备年末净值	亿元	800.4	793.8	32.3	3.6	1.1	0.2	5.6	4.7
自有机械设备年末总功率	万千瓦	3903.5	3890.4	278.0	22.5	3.7	1.0	9.3	0.6
建筑业总产值	亿元	30954.7	30759.3	1158.3	97.4	33.3	10.3	162.1	113.8
本年固定资产折旧	亿元	143.5	142.0	10.0	0.6	0.4	0.1	1.1	0.8
应付职工薪酬	亿元	5630.3	5616.9	178.4	24.0	4.0	1.5	9.4	5.0
主营业务税金及附加	亿元	335.8	334.9	9.0	2.5	0.3	0.1	0.5	0.3
房屋建筑施工面积	万平方米	249419.7	249218.7	5712.1	687.1	26.8	7.9	174.3	114.5
房屋建筑竣工面积	万平方米	75895.2	75853.5	940.4	302.9	12.8	5.2	28.9	13.4
利润总额	亿元	1161.8	1145.5	31.8	3.7	2.0	0.8	14.3	9.7
税金总额	亿元	1122.5	1119.0	37.6	5.7	1.3	0.3	2.2	1.5
技术装备率	元/人	10062	10000	16038	11292	15813	3974	54268	101793
动力装备率	千瓦/人	4.9	4.9	13.8	7.0	5.5	2.7	9.0	1.3
房屋建筑面积竣工率	%	30.4	30.4	16.5	44.1	47.7	65.8	16.6	11.7
产值利润率	%	3.8	3.7	2.7	3.8	6.1	7.9	8.8	8.6
产值利税率	%	7.4	7.4	6.0	9.6	9.9	10.7	10.2	9.9

注：本表数据为所有具有资质等级的有工作量的施工总承包、专业承包建筑业企业（不包含劳务分包建筑业企业）数据。

2-B-1.2　总承包和专业承包企业主要经济指标完成情况

指　标	单位	2018 年	2017 年	2018 年比 2017 年增减（%）
企业个数	个	9310	8640	7.8
从事建筑业活动的平均人数	万人	885.2	894.9	-1.1
签订合同额	亿元	50245.9	44888.5	11.9
#本年新签合同额	亿元	29764.8	27307.9	9.0
建筑业总产值	亿元	30954.7	27956.7	10.7
建筑工程产值	亿元	28894.1	26227.5	10.2
安装工程产值	亿元	1812.3	1523.0	19.0
其他产值	亿元	248.3	206.3	20.4
竣工产值	亿元	22856.3	21542.5	6.1
自有固定资产原价	亿元	2371.5	2107.4	12.5
自有固定资产净价	亿元	1380.9	1208.4	14.3
自有机械设备年末总台数	万台	135.6	136.7	-0.8
自有机械设备年末净值	亿元	800.4	762.4	5.0
自有机械设备年末总功率	万千瓦	3903.5	3415.4	14.3
本年固定资产折旧	亿元	143.5	119.6	19.9
应付职工薪酬	亿元	5630.3	4484.4	25.6
主营业务税金及附加	亿元	335.8	383.1	-12.4
房屋建筑施工面积	万平方米	249419.7	232034.2	7.5
房屋建筑竣工面积	万平方米	75895.2	75454.3	0.6
实收资本	亿元	3551.8	3244.6	9.5
资产总计	亿元	20731.9	18960.5	9.3
负债合计	亿元	11874.0	10871.0	9.2
利润总额	亿元	1161.8	1060.3	9.6
税金总额	亿元	1122.5	927.7	21.0
按建筑业总产值计算的劳动生产率	元/人	349705	312383	11.9
技术装备率	元/人	10062	9864	2.0
动力装备率	千瓦/人	4.9	4.4	10.9
人均利税	元/人	25806	22213	16.2
房屋建筑面积竣工率	%	30.4	32.5	-6.5
资产负债率	%	57.3	57.3	0.0
产值利润率	%	3.8	3.8	0.0
产值利税率	%	7.4	7.1	4.1

2-B-1.3 各地区总承包和专业承包企业签订合同情况

单位：万元

地区	合同总额		
		上年结转合同额	本年新签合同额
总计	**502458608**	**204811155**	**297647453**
南京	83979501	36471755	47507746
无锡	15534993	5991192	9543801
徐州	21466156	7340371	14125785
常州	25134410	8780016	16354394
苏州	45976200	17964050	28012150
南通	128170851	58513675	69657176
连云港	10029208	3287504	6741704
淮安	18702886	6103686	12599201
盐城	25258127	8455863	16802264
扬州	57428542	25137679	32290862
镇江	10591412	4836705	5754707
泰州	48148543	17138091	31010453
宿迁	12037778	4790567	7247211

2-B-1.4　各地区总承包和专业承包企业承包工程完成情况

单位：万元

地　区	直接从建设单位承揽工程完成的产值			从建设单位以外承揽工程完成的产值
		自行完成施工产值	分包出去工程的产值	
总　计	**288923221**	**287596855**	**1326366**	**21950090**
南　京	36329705	35387818	941887	3644030
无　锡	7802413	7769451	32962	1242059
徐　州	14548007	14527219	20788	640913
常　州	14873959	14826572	47387	1326972
苏　州	22945867	22809046	136821	1308409
南　通	77647294	77594432	52863	5402344
连云港	6730193	6724323	5870	370416
淮　安	13172545	13160298	12247	822187
盐　城	16536794	16512229	24566	962923
扬　州	35438844	35433402	5443	3582925
镇　江	5076984	5060972	16012	315428
泰　州	31176136	31153767	22369	2159303
宿　迁	6644479	6637326	7153	172182

2-B-1.5 各地区总承包和专业承包企业建筑业总产值和竣工产值

单位：万元

地 区	建筑业总产值	#装饰装修产值	#在外省完成的产值	按构成分组			竣工产值
				建筑工程产值	安装工程产值	其他产值	
总 计	**309546945**	**17376348**	**143212046**	**288940776**	**18122881**	**2483288**	**228563391**
南 京	39031848	2789661	13816497	34647244	3759634	624970	24436534
无 锡	9011510	452011	3064208	7382267	1581702	47541	6164074
徐 州	15168132	374952	5040140	14565786	538478	63869	11472592
常 州	16153544	1127184	6128178	13056457	2932029	165058	12905678
苏 州	24117455	5193245	7401445	21982475	1951573	183407	17065149
南 通	82996776	3016663	51337533	79598729	2741330	656718	57473872
连云港	7094739	221691	2487352	6797167	205581	91991	5483519
淮 安	13982484	1280165	3517762	13532701	379824	69960	11538372
盐 城	17475151	403235	7360097	17003792	283948	187412	14048104
扬 州	39016327	1464631	22105390	36542033	2376473	97821	32022216
镇 江	5376400	397573	1298197	4801358	448719	126324	3419862
泰 州	33313070	512425	17069787	32477636	754090	81344	26770123
宿 迁	6809508	142913	2585460	6553132	169501	86874	5763297

2-B-1.6　各地区总承包和专业承包企业房屋建筑面积

地　区	房屋建筑施工面积（万平方米）	#本年新开工	房屋建筑竣工面积（万平方米）	房屋建筑面积竣工率（%）
总　计	**249419.7**	**94270.4**	**75895.2**	**30.4**
南　京	27080.9	8942.1	6184.0	22.8
无　锡	3997.2	1623.1	1211.9	30.3
徐　州	10837.7	4651.4	4038.1	37.3
常　州	11124.0	4640.4	3273.2	29.4
苏　州	10418.6	4072.6	2768.9	26.6
南　通	87582.2	29643.0	21378.4	24.4
连云港	5911.7	2929.8	2472.0	41.8
淮　安	12658.5	4028.9	3910.6	30.9
盐　城	11752.3	4992.1	4790.2	40.8
扬　州	28646.2	12205.0	10680.6	37.3
镇　江	1933.3	702.5	579.6	30.0
泰　州	31573.3	13390.3	12156.8	38.5
宿　迁	5903.7	2449.0	2451.1	41.5

2-B-1.7 各地区按主要用途分的总承包和

地 区	合计	住宅用房	商业及服务用房屋	商厦房屋	宾馆用房屋	餐饮用房屋	商务会展用房屋	其他商业及服务用房屋	办公用房屋
总 计	**75895.2**	**55028.3**	**2884.0**	**1202.6**	**438.1**	**166.7**	**584.4**	**492.2**	**3010.1**
南 京	6184.0	4227.2	372.9	168.0	40.8	8.7	102.1	53.3	365.3
无 锡	1211.9	641.4	40.9	6.9	11.1	0.6	16.1	6.2	45.2
徐 州	4038.1	2819.9	197.0	104.8	22.6	10.9	10.6	48.2	116.7
常 州	3273.2	2092.9	67.5	15.6	18.4	11.1	11.1	11.3	99.0
苏 州	2768.9	1266.6	141.3	39.3	17.9	5.3	17.9	60.8	165.0
南 通	21378.4	16347.4	939.5	449.8	200.0	57.7	127.8	104.3	684.7
连云港	2472.0	2009.5	55.2	19.8	4.7	7.2	12.8	10.6	90.2
淮 安	3910.6	3210.8	67.8	5.6	17.6	4.0	29.7	10.9	103.2
盐 城	4790.2	3253.1	97.4	10.6	19.3	9.5	31.5	26.5	130.9
扬 州	10680.6	8387.8	346.2	91.9	45.8	32.0	112.1	64.3	409.0
镇 江	579.6	303.8	37.5	4.9	0.9	1.1	0.3	30.2	14.6
泰 州	12156.8	8763.1	337.7	123.4	35.0	16.9	103.8	58.7	713.2
宿 迁	2451.1	1704.9	183.0	161.9	3.9	1.6	8.6	7.0	73.2

专业承包企业房屋建筑竣工面积

单位：万平方米

科研、教育和医疗用房屋	科学研究用房屋	教育用房屋	医疗用房屋	文化、体育和娱乐用房屋	厂房及建筑物	#厂房	仓库	其他未列明的房屋建筑物
2164.1	**233.5**	**1367.2**	**563.4**	**738.1**	**10428.1**	**7585.8**	**674.0**	**968.5**
243.8	64.1	136.0	43.8	76.7	760.4	588.5	53.1	84.6
51.9	2.1	48.8	1.0	4.5	379.8	251.9	6.3	41.9
179.3	20.6	101.8	57.0	59.6	589.6	348.0	43.8	32.2
178.4	17.3	100.7	60.5	16.3	741.3	622.9	57.2	20.6
216.9	4.9	192.3	19.7	51.1	808.0	709.6	53.4	66.6
470.5	78.5	217.9	174.2	225.6	2194.8	1595.8	252.2	263.7
72.1	0.3	54.8	17.0	2.8	204.0	149.1	16.8	21.3
43.6	4.4	33.6	5.7	19.6	422.5	226.4	21.9	21.1
102.3	4.0	80.9	17.4	19.6	1046.2	763.2	21.9	118.8
323.4	14.5	211.0	97.8	131.2	942.1	610.0	23.5	117.5
48.3	0.7	38.7	8.9	1.0	160.2	97.5	10.5	3.8
163.3	22.2	93.9	47.2	107.9	1824.9	1319.9	101.5	145.0
70.2		56.9	13.3	22.1	354.4	302.9	12.1	31.3

2-B-1.8 各地区按主要用途分的总承包和

地区	合计	住宅用房	商业及服务用房屋	商厦房屋	宾馆用房屋	餐饮用房屋	商务会展用房屋	其他商业及服务用房屋	办公用房屋
总计	**147377109**	**106859201**	**5801110**	**2244395**	**919346**	**359562**	**1223669**	**1054138**	**6661990**
南京	12773291	7971701	837625	387584	89131	22996	233571	104344	920139
无锡	2050368	1086461	77397	12235	20139	1168	29009	14845	87815
徐州	6873836	4971028	296185	136387	34817	10097	20058	94827	225217
常州	5598128	3513011	128107	29488	34022	19174	25476	19948	211433
苏州	5460464	2620304	392681	134157	41197	17880	66042	133406	323418
南通	46337423	35329876	1900666	794384	423215	130206	285006	267855	1945710
连云港	4080943	3303869	73419	18437	10667	13781	18144	12389	154595
淮安	6763064	5578105	142658	6562	39313	3813	76179	16792	250821
盐城	8979540	6197275	161822	17908	29187	28613	36426	49687	221684
扬州	23799318	18150500	844297	223459	127997	84941	239416	168484	1323538
镇江	989096	477450	70626	8892	1432	1553	689	58060	30905
泰州	20020302	15254349	548223	181386	59514	22366	186202	98756	822509
宿迁	3651336	2405272	327405	293517	8715	2977	7451	14747	144208

专业承包企业房屋建筑竣工价值

单位：万元

科研、教育和医疗用房屋	科学研究用房屋	教育用房屋	医疗用房屋	文化、体育和娱乐用房屋	厂房及建筑物	#厂房	仓库	其他未列明的房屋建筑物
5259121	**589139**	**3321245**	**1348737**	**1687236**	**17704708**	**12571720**	**1223021**	**2180722**
691072	190920	399556	100596	274935	1791208	1405884	71663	214948
134715	10644	121761	2310	10130	543782	358497	7829	102240
310102	33527	198274	78301	101046	856184	497714	66837	47238
467282	34946	277055	155281	35184	1157804	938911	42537	42770
543844	7650	489289	46905	154569	1185531	1024404	72874	167243
1115059	162787	495719	456554	403099	4270856	3088663	601859	770297
142115	585	108277	33253	6300	323404	215928	33714	43529
72066	6209	55670	10187	37596	602817	346254	32792	46209
239549	11318	201229	27002	44860	1894217	1293700	38023	182112
953857	62374	568444	323038	326417	1852701	1133185	69093	278918
107995	1904	81888	24203	2144	265369	147554	27638	6969
326807	66274	188723	71810	264713	2434272	1696455	145270	224159
154658		135360	19298	26245	526564	424572	12893	54092

2-B-1.9 各地区总承包和专业承包企业施工机械设备情况

地　区	年末自有施工机械设备总台数（台）	年末自有施工机械设备总功率（千瓦）	年末自有施工机械设备净值（万元）	技术装备率（元/人）	动力装备率（千瓦/人）
总　计	**1355826**	**39034543**	**8004105**	**10062**	**4.9**
南　京	147685	4398221	1067205	12652	5.2
无　锡	52613	1382693	273498	14231	7.2
徐　州	115874	3570482	585700	11681	7.1
常　州	81432	1757227	342367	7013	3.6
苏　州	77429	1687967	357427	7387	3.5
南　通	319502	9291366	1932310	11174	5.4
连云港	58722	901042	208206	7868	3.4
淮　安	52698	1535789	415127	8647	3.2
盐　城	97476	2165078	565090	10961	4.2
扬　州	174460	6840923	1103192	12462	7.7
镇　江	23966	755752	171194	13567	6.0
泰　州	119292	3619175	738227	6463	3.2
宿　迁	34677	1128828	244562	8081	3.7

2-B-1.10　各地区总承包和专业承包企业建筑材料消耗情况

地　区	钢材（吨）	木材（立方米）	水泥（吨）	玻璃		铝材（吨）
				重量箱	平方米	
总　计	**100465171**	**37872251**	**257666274**	**26811036**	**176834408**	**4107839**
南　京	9543660	3848352	25101728	1996920	9847063	387448
无　锡	2400039	1364324	5837048	436768	2354392	122494
徐　州	4618790	2328597	14880046	1001478	9173847	379418
常　州	4869947	2054491	13097917	653663	6635504	99512
苏　州	5368447	2000175	14151692	1084185	7855404	256830
南　通	31994014	5729228	77171949	11794331	73845157	841031
连云港	2172583	1450445	6866363	1305538	7281797	78182
淮　安	3965369	2858172	13487444	1472060	8831912	415843
盐　城	5387276	2948800	15191165	1391353	9848589	306832
扬　州	10576032	5640515	33543537	3083097	24644995	639028
镇　江	1593688	599171	4164871	147359	1152668	51109
泰　州	15282183	5380634	28929112	1927273	9761363	403200
宿　迁	2693143	1669347	5243402	517011	5601717	126912

2-B-1.11 各地区总承包和专业承包企业主要生产效益指标

地 区	建筑业企业个数（个）	直接从事生产经营活动的平均人数（人）	按总产值计算的劳动生产率（元/人）	人均竣工产值（元/人）	人均施工面积（平方米/人）	人均竣工面积（平方米/人）
总 计	**9310**	**8851671**	**349705**	**258215**	**282**	**86**
南 京	1527	1102969	353880	221552	246	56
无 锡	558	218595	412247	281986	183	55
徐 州	523	592879	255839	193506	183	68
常 州	670	498197	324240	259048	223	66
苏 州	1282	615026	392137	277470	169	45
南 通	979	1877141	442145	306178	467	114
连云港	298	298381	237774	183776	198	83
淮 安	562	625179	223656	184561	203	63
盐 城	778	625705	279287	224516	188	77
扬 州	656	926538	421098	345611	309	115
镇 江	371	156503	343533	218517	124	37
泰 州	730	1022395	325834	261837	309	119
宿 迁	376	292163	233072	197263	202	84

2-B-1.12　各地区总承包和专业承包企业营业额

单位：万元

地　区	企业营业额	#在境外完成的营业额	企业总产值	#建筑业总产值
总　计	**257786987**	**4710675**	**327268032**	**309546945**
南　京	39042151	1218082	43676384	39031848
无　锡	9738075	692546	9194932	9011510
徐　州	12874827	36946	15544900	15168132
常　州	14295118	285693	16451624	16153544
苏　州	22960005	300018	24710297	24117455
南　通	66798887	958023	87378406	82996776
连云港	6229806	121	7258764	7094739
淮　安	11075277	33550	14304394	13982484
盐　城	13872458	16961	17958285	17475151
扬　州	26361902	627002	43627627	39016327
镇　江	5333902	84086	5693931	5376400
泰　州	23377261	453898	34477186	33313070
宿　迁	5827319	3749	6991304	6809508

2-B-1.13 各地区总承包和专业承包企业资产构成

单位：万元

地区	资产总计	#流动资产合计	#存货
总计	**207319041**	**173185868**	**41198185**
南京	43048926	36373421	7501303
无锡	10921152	8861442	2296844
徐州	7877244	6443063	1714077
常州	14171662	11876580	2603447
苏州	25995630	22905350	5367172
南通	40356743	35361486	8982999
连云港	4171696	3142117	724885
淮安	7531373	5354932	987214
盐城	11607344	8606955	1754916
扬州	17620273	14833276	4580754
镇江	7485210	6338412	1153872
泰州	12093772	9509519	2905676
宿迁	4438017	3579316	625028

2-B-1.14　各地区总承包和专业承包企业固定资产情况

单位：万元

地　区	固定资产原价	累计折旧	#本年折旧	在建工程
总　计	**23714741**	**9888900**	**1434681**	**1448506**
南　京	3522004	1697099	269217	207204
无　锡	1525220	753786	94558	39723
徐　州	1349443	574976	94329	80294
常　州	1537050	639292	86007	89984
苏　州	2292989	1186078	133609	101073
南　通	3755138	1643102	184903	69926
连云港	729748	281954	31888	73631
淮　安	1292991	337083	76032	214531
盐　城	2230044	680996	120830	31703
扬　州	1976096	809418	130086	376320
镇　江	714630	330085	41641	90664
泰　州	2212764	763528	135872	48677
宿　迁	576626	191503	35711	24777

2-B-1.15 各地区总承包和专业承包企业负债及所有者权益

单位：万元

地 区	负债合计	#流动负债	#应付账款	所有者权益	#实收资本
总 计	**118739537**	**109461319**	**42738409**	**88579503**	**35518037**
南 京	29602883	26393322	10922317	13446043	6145699
无 锡	6801861	6288875	2493130	4119291	2028339
徐 州	3384142	3087646	1318723	4493102	1917760
常 州	7977227	7480823	2765380	6194435	2794875
苏 州	16675534	16157881	8137714	9320096	4639703
南 通	23058934	21745865	7140709	17297808	4815089
连云港	1816032	1617125	574231	2355665	874474
淮 安	3259867	2761094	934505	4271507	1758137
盐 城	5475304	5076998	2035580	6132040	2855150
扬 州	9214580	8105378	2707832	8405693	2840780
镇 江	4849258	4397126	1519145	2635952	1301482
泰 州	5084839	4894435	1658968	7008933	2395823
宿 迁	1539076	1454754	530175	2898940	1150727

2-B-1.16 各地区总承包和专业承包企业实收资本

单位：万元

地区	合计	国家资本	集体资本	法人资本	个人资本	港澳台资本	外商资本
总 计	**35518037**	**2805393**	**741907**	**10741793**	**20898676**	**117626**	**212643**
南 京	6145699	825807	185075	2207573	2880273	12401	34570
无 锡	2028339	169810	75903	436628	1310653	11681	23663
徐 州	1917760	344780	34652	534297	1004031		
常 州	2794875	226346	40373	728457	1794771		4928
苏 州	4639703	283610	75614	1424811	2715367	36623	103678
南 通	4815089	17894	73438	1382408	3329735	3314	8301
连云港	874474	193416	35192	198172	446995	700	
淮 安	1758137	86843	39299	644692	981302	6000	
盐 城	2855150	75869	29269	749257	2000755		
扬 州	2840780	298040	90523	874769	1509022	42906	25520
镇 江	1301482	133411	29230	424520	710321	4000	
泰 州	2395823	117272	20185	667313	1579069		11984
宿 迁	1150727	32294	13154	468896	636382		

2-B-1.17 各地区总承包和专业承包企业收入情况

单位：万元

地 区	营业收入	主营业务收入	#主营业务成本	#主营业务税金及附加	营业利润	#其他业务利润
总 计	**257786987**	**256163448**	**231065512**	**3357526**	**11592225**	**201250**
南 京	39042151	38771397	35450086	275649	1420257	38050
无 锡	9738075	9680454	8637956	78207	436877	12773
徐 州	12874827	12820343	11308909	259847	584654	2796
常 州	14295118	14227428	13107753	112006	534519	7035
苏 州	22960005	22760878	20358658	89191	1027496	41243
南 通	66798887	66497670	61612888	506713	2832995	35762
连云港	6229806	6169775	5342345	204038	336857	1559
淮 安	11075277	11022341	9329960	318509	554108	2747
盐 城	13872458	13835345	12172339	351466	581651	6524
扬 州	26361902	26090589	23409040	371327	1440019	33371
镇 江	5333902	5291609	4710963	64175	245708	4590
泰 州	23377261	23201229	20692238	524840	1275053	8481
宿 迁	5827319	5794390	4932378	201558	322032	6318

2-B-1.18　各地区总承包和专业承包企业费用情况

单位：万元

地　区	管理费用	销售费用	财务费用	#利息收入	#利息支出
总　计	**7573206**	**1085696**	**1650445**	**193684**	**1193746**
南　京	1210747	155213	279769	74477	275788
无　锡	462943	32261	59726	7580	48872
徐　州	600045	68288	39362	1371	16577
常　州	360640	35295	82692	5574	64683
苏　州	1076733	146129	128318	22468	98432
南　通	1136488	64749	396087	38692	326932
连云港	221204	27792	40902	4933	20323
淮　安	517681	161361	75687	2966	25579
盐　城	494027	96113	110800	3982	63413
扬　州	625549	108530	205955	14224	109726
镇　江	183847	26155	54404	3613	35364
泰　州	481124	111003	142146	9610	77655
宿　迁	202180	52808	34598	4194	30403

2-B-1.19 各地区总承包和专业承包企业利润及税金情况

单位：万元

地 区	利润总额	税金总额		
			主营业务税金及附加	应交增值税
总 计	**11617738**	**11224497**	**3357526**	**7866971**
南 京	1426042	1364292	275649	1088643
无 锡	443657	311503	78207	233296
徐 州	583327	787583	259847	527735
常 州	545843	552564	112006	440558
苏 州	1029783	590082	89191	500891
南 通	2836284	2514547	506713	2007834
连云港	337141	433264	204038	229226
淮 安	554488	711224	318509	392715
盐 城	576296	791545	351466	440079
扬 州	1439810	1194108	371327	822781
镇 江	245966	210146	64175	145971
泰 州	1274190	1328488	524840	803648
宿 迁	324912	435153	201558	233595

2-B-1.20 各地区总承包和专业承包企业应收工程款及企业亏损情况

地 区	应收工程款（万元）	企业个数（个）	#亏损企业个数	亏损企业的比重（%）
总 计	**61372665**	**9310**	**544**	**5.8**
南 京	10526339	1527	154	10.1
无 锡	3103175	558	38	6.8
徐 州	2477514	523	20	3.8
常 州	4820304	670	49	7.3
苏 州	8437602	1282	138	10.8
南 通	12887592	979	45	4.6
连云港	1217593	298	8	2.7
淮 安	2000083	562	7	1.2
盐 城	3403017	778	28	3.6
扬 州	4905612	656	17	2.6
镇 江	2415690	371	24	6.5
泰 州	3503062	730	10	1.4
宿 迁	1675085	376	6	1.6

2-B-1.21 各地区总承包和专业承包企业主要经济效益指标

地 区	产值利润率（%）	产值利税率（%）	资本利润率（%）	资本利税率（%）	人均利润（元/人）	人均利税（元/人）	资产负债率（%）
总 计	**3.8**	**7.4**	**32.7**	**64.3**	**13125**	**25806**	**57.3**
南 京	3.7	7.1	23.2	45.4	12929	25298	68.8
无 锡	4.9	8.4	21.9	37.2	20296	34546	62.3
徐 州	3.8	9.0	30.4	71.5	9839	23123	43.0
常 州	3.4	6.8	19.5	39.3	10956	22048	56.3
苏 州	4.3	6.7	22.2	34.9	16744	26338	64.1
南 通	3.4	6.4	58.9	111.1	15110	28505	57.1
连云港	4.8	10.9	38.6	88.1	11299	25820	43.5
淮 安	4.0	9.1	31.5	72.0	8869	20246	43.3
盐 城	3.3	7.8	20.2	47.9	9210	21861	47.2
扬 州	3.7	6.8	50.7	92.7	15540	28428	52.3
镇 江	4.6	8.5	18.9	35.0	15716	29144	64.8
泰 州	3.8	7.8	53.2	108.6	12463	25457	42.0
宿 迁	4.8	11.2	28.2	66.1	11121	26015	34.7

2-B-2.1 各地区国有总承包和专业承包企业签订合同情况

单位：万元

地区	合同总额	上年结转合同额	本年新签合同额
总计	**29091109**	**14731605**	**14359504**
南京	12977047	6448571	6528475
无锡	2163180	1020762	1142418
徐州	2338137	998421	1339717
常州	459487	368926	90561
苏州	5735428	3778155	1957273
南通	33590	2214	31375
连云港	627772	251558	376214
淮安	98764	7755	91010
盐城	167882	11285	156597
扬州	240530	135122	105409
镇江	1362109	599226	762883
泰州	2715531	1080615	1634917
宿迁	171652	28996	142656

2-B-2.2 各地区国有总承包和专业承包企业承包工程完成情况

单位：万元

地 区	直接从建设单位承揽工程完成的产值	自行完成施工产值	分包出去工程的产值	从建设单位以外承揽工程完成的产值
总 计	**11284545**	**11040288**	**244257**	**542974**
南 京	4258068	4022418	235649	428172
无 锡	824559	823327	1232	10855
徐 州	1409275	1409275		10580
常 州	181564	181334	230	653
苏 州	1536389	1536389		
南 通	30351	30351		
连云港	317285	317285		41649
淮 安	88543	88397	146	150
盐 城	144821	137821	7000	17084
扬 州	157808	157808		7906
镇 江	586219	586219		1000
泰 州	1620215	1620215		24120
宿 迁	129450	129450		805

2-B-2.3　各地区国有总承包和专业承包企业建筑业总产值和竣工产值

单位：万元

地　区	建筑业总产值	#装饰装修产值	#在外省完成的产值	按构成分组			竣工产值
				建筑工程产值	安装工程产值	其他产值	
总　计	**11583261**	**51681**	**5876815**	**10901868**	**481060**	**200334**	**4249146**
南　京	4450591	22297	2322003	3954207	318971	177413	1264189
无　锡	834182		527168	833982	200		215398
徐　州	1419855	85	471009	1373824	37313	8718	833957
常　州	181987		15824	180288	1699		84007
苏　州	1536389		1208508	1431901	104488		389856
南　通	30351			23743	6608		17651
连云港	358934	2578	77986	356625	2309		263354
淮　安	88547	283	6938	88146	401		71357
盐　城	154905		1301	147943	6962		105762
扬　州	165714	21192	61919	165714			231185
镇　江	587219	3520	247968	573015		14204	52919
泰　州	1644335	1726	935880	1644335			610441
宿　迁	130254		311	128145	2109		109071

2-B-2.4 各地区国有总承包和专业承包企业房屋建筑面积

地 区	房屋建筑施工面积（万平方米）	#本年新开工	房屋建筑竣工面积（万平方米）	房屋建筑面积竣工率（%）
总 计	**5712.1**	**2119.3**	**940.4**	**16.5**
南 京	3322.9	1018.8	118.8	3.6
无 锡				
徐 州	1036.7	577.8	473.3	45.6
常 州	30.7	24.3	24.6	80.1
苏 州	58.7	14.5	3.5	6.0
南 通				
连云港	69.3	24.5	12.9	18.6
淮 安	2.9	2.0		
盐 城	13.1	13.1		
扬 州				
镇 江	48.7	22.8	18.6	38.2
泰 州	1125.1	418.5	288.1	25.6
宿 迁	3.9	3.0	0.6	16.1

2-B-2.5　各地区按主要用途分的国有总承包和专业承包企业房屋建筑竣工面积

单位：万平方米

地　区	合计	住宅用房	商业及服务用房屋	办公用房屋	科研、教育和医疗用房屋	文化、体育和娱乐用房屋	厂房及建筑物	仓库	其他未列明的房屋建筑物
总　计	**940.4**	**768.1**	**101.1**	**5.7**	**14.1**	**6.3**	**39.6**	**5.4**	
南　京	118.8	90.6		0.5	0.8	0.0	22.4	4.5	
无　锡									
徐　州	473.3	364.1	92.9	0.9	2.4	6.3	6.3	0.5	
常　州	24.6	24.6							
苏　州	3.5		3.5						
南　通									
连云港	12.9	11.6	0.1				0.8	0.5	
淮　安									
盐　城									
扬　州									
镇　江	18.6	18.6							
泰　州	288.1	258.7	4.0	4.4	10.9		10.1		
宿　迁	0.6		0.6						

2-B-2.6 各地区按主要用途分的国有总承包和专业承包企业房屋建筑竣工价值

单位：万元

地 区	合计	住宅用房	商业及服务用房屋	办公用房屋	科研、教育和医疗用房屋	文化、体育和娱乐用房屋	厂房及建筑物	仓库	其他未列明的房屋建筑物
总 计	**1447814**	**1124257**	**165338**	**4407**	**15112**	**6893**	**127900**	**3907**	
南 京	195383	87433	9	782	879		103780	2500	
无 锡									
徐 州	602158	461647	119053	1105	3763	6893	8431	1265	
常 州	50217	50217							
苏 州	38996		38996						
南 通									
连云港	14555	13580	220				613	142	
淮 安									
盐 城									
扬 州									
镇 江	17459	17459							
泰 州	528748	493920	6762	2520	10470		15076		
宿 迁	297		297						

2-B-2.7 各地区国有总承包和专业承包企业施工机械设备情况

地 区	年末自有施工机械设备总台数（台）	年末自有施工机械设备总功率（千瓦）	年末自有施工机械设备净值（万元）	技术装备率（元/人）	动力装备率（千瓦/人）
总 计	**64321**	**2779621**	**323404.2**	**16038**	**13.8**
南 京	32173	975300	106075.9	19509	17.9
无 锡	2455	222421	33818.9	74018	48.7
徐 州	19037	853907	84286.3	21503	21.8
常 州	661	52715	23394.9	34148	7.7
苏 州	1401	71908	10670.3	18879	12.7
南 通	176	12106	670.7	9367	16.9
连云港	721	41936	5319.5	4279	3.4
淮 安	878	23979	9143.2	18030	4.7
盐 城	1269	93526	13770.3	38443	26.1
扬 州	949	99550	3400.0	12505	36.6
镇 江	835	59431	19625.1	42868	13.0
泰 州	790	16601	2629.3	454	0.3
宿 迁	2976	256241	10599.8	26849	64.9

2-B-2.8 各地区国有总承包和专业承包企业主要生产效益指标

地　区	建筑业企业个数（个）	直接从事生产经营活动的平均人数（人）	按总产值计算的劳动生产率（元/人）	人均竣工产值（元/人）	人均施工面积（平方米/人）	人均竣工面积（平方米/人）
总　计	**186**	**241288**	**480060**	**176103**	**236.7**	**39.0**
南　京	36	78244	568809	161570	424.7	15.2
无　锡	10	4545	1835383	473922		
徐　州	36	43440	326854	191979	238.7	108.9
常　州	7	5859	310611	143381	52.5	42.0
苏　州	11	10684	1438028	364897	55.0	3.3
南　通	5	908	334260	194398		
连云港	18	14949	240106	176168	46.4	8.6
淮　安	14	3650	242594	195498	8.1	
盐　城	12	3766	411326	280834	34.7	
扬　州	8	4405	376195	524825		
镇　江	14	5695	1031113	92921	85.5	32.7
泰　州	7	60099	273604	101573	187.2	47.9
宿　迁	8	5044	258236	216239	7.7	1.2

2-B-2.9　各地区国有总承包和专业承包企业营业额

单位：万元

地　区	企业营业额	#在境外完成的营业额	企业总产值	#建筑业总产值
总　计	**11273168**	**326324**	**12536498**	**11583261**
南　京	5281025	207516	5142758	4450591
无　锡	985749	49278	834783	834182
徐　州	1125097	23597	1451952	1419855
常　州	176565		204947	181987
苏　州	1416795		1536581	1536389
南　通	38507		30351	30351
连云港	342931		358934	358934
淮　安	79499		88552	88547
盐　城	146932		183253	154905
扬　州	194357		165714	165714
镇　江	616273		610316	587219
泰　州	733459	45933	1785335	1644335
宿　迁	135978		143024	130254

2-B-2.10 各地区国有总承包和专业承包企业资产构成

单位：万元

地 区	资产总计	#流动资产合计	#存货
总 计	**15853509**	**13216025**	**3038157**
南 京	7535546	6393578	1418366
无 锡	916232	690390	91071
徐 州	1947840	1677790	441917
常 州	338558	210836	19241
苏 州	1588087	1317006	334443
南 通	100159	87328	11272
连云港	653626	558761	147486
淮 安	145639	93382	12465
盐 城	199125	180810	26051
扬 州	225208	202117	55840
镇 江	1411763	1160730	147315
泰 州	646368	530591	324958
宿 迁	145359	112706	7732

2-B-2.11 各地区国有总承包和专业承包企业固定资产情况

单位：万元

地 区	固定资产原价	累计折旧	#本年折旧	在建工程
总 计	**1787972**	**904016**	**100425**	**133979**
南 京	528236	296078	22517	76338
无 锡	287266	137382	20080	538
徐 州	316527	180791	19655	6220
常 州	107251	31111	5624	
苏 州	90366	43389	7012	1308
南 通	13652	4409	394	3554
连云港	73763	39502	2712	15343
淮 安	29976	9730	632	8793
盐 城	23613	11225	1287	186
扬 州	22356	14240	1481	108
镇 江	102195	65221	5319	20761
泰 州	164648	59114	12675	
宿 迁	28123	11822	1036	832

2-B-2.12 各地区国有总承包和专业承包企业负债及所有者权益

单位：万元

地区	负债合计	#流动负债	#应收账款	所有者权益	#实收资本
总计	**12266374**	**10986270**	**4183522**	**3587135**	**1573770**
南京	6289269	5586034	2138811	1246277	556005
无锡	682464	659439	272104	233768	121582
徐州	1204513	1042885	529926	743327	288039
常州	176246	151099	88655	162312	112747
苏州	1371884	1299746	527992	216203	134806
南通	63330	63330	12715	36829	9520
连云港	503046	433992	114938	150581	79773
淮安	62032	51690	22715	83607	38754
盐城	130025	128926	15692	69100	30558
扬州	178334	177724	62832	46875	31388
镇江	1249296	1038537	247386	162466	99998
泰州	285944	282879	116460	360425	41028
宿迁	69992	69992	33298	75367	29574

2-B-2.13　各地区国有总承包和专业承包企业实收资本

单位：万元

地　区	合计	国家资本	集体资本	法人资本	个人资本	港澳台资本	外商资本
总　计	**1573770**	**1198906**	**4944**	**362782**	**7138**		
南　京	556005	319063	230	236712			
无　锡	121582	105282		16300			
徐　州	288039	265861		15040	7138		
常　州	112747	112747					
苏　州	134806	102056		32750			
南　通	9520	9520					
连云港	79773	73573		6200			
淮　安	38754	29997	2256	6501			
盐　城	30558	28058		2500			
扬　州	31388	21300	2458	7630			
镇　江	99998	69140		30858			
泰　州	41028	38024		3004			
宿　迁	29574	24286		5287			

2-B-2.14 各地区国有总承包和专业承包企业收入情况

单位：万元

地 区	营业收入	主营业务收 入	#主营业务成 本	#主营业务税金及附加	营业利润	#其他业务利 润
总 计	**11273168**	**11116711**	**10184425**	**89515**	**310650**	**10516**
南 京	5281025	5191286	4783149	15483	152495	5629
无 锡	985749	979674	885599	5279	29513	1412
徐 州	1125097	1090356	1006070	17778	7939	1397
常 州	176565	176565	152835	3540	10768	
苏 州	1416795	1407894	1331874	4270	19562	1069
南 通	38507	38422	31336	206	4886	82
连云港	342931	338861	296443	6747	7209	409
淮 安	79499	79499	65433	2227	6218	
盐 城	146932	146660	131382	3272	6739	109
扬 州	194357	194042	175278	1852	7075	
镇 江	616273	608742	553774	5470	16825	88
泰 州	733459	733048	675832	20341	33473	153
宿 迁	135978	131661	95421	3050	7948	169

2-B-2.15　各地区国有总承包和专业承包企业费用情况

单位：万元

地　区	管理费用	销售费用	财务费用	#利息收入	#利息支出
总　计	**383156**	**29772**	**67970**	**28714**	**73843**
南　京	159403	19522	32582	19919	42214
无　锡	46270	3579	7076	250	6500
徐　州	61347	2351	7879	267	3266
常　州	5580	151	3719	721	4200
苏　州	52127	1645	2310	2941	5567
南　通	2321		-245	169	
连云港	15809	804	8324	2294	6023
淮　安	4818	459	207	53	140
盐　城	4860	35	645	135	87
扬　州	7438	248	2210	-8	3
镇　江	15612	271	1878	-196	2228
泰　州	2219	709	731	2346	2883
宿　迁	5354		656	-178	732

2-B-2.16 各地区国有总承包和专业承包企业利润及税金情况

单位：万元

地 区	利润总额	税金总额		
			主营业务税金及附加	应交增值税
总 计	**317592**	**375851**	**89515**	**286337**
南 京	158462	131022	15483	115539
无 锡	30843	8406	5279	3127
徐 州	7566	62979	17778	45201
常 州	10770	9735	3540	6195
苏 州	19085	46776	4270	42506
南 通	5220	1487	206	1281
连云港	7202	13656	6747	6909
淮 安	6211	6271	2227	4043
盐 城	6741	7693	3272	4421
扬 州	7069	9617	1852	7764
镇 江	16806	28614	5470	23144
泰 州	33473	41859	20341	21517
宿 迁	8146	7738	3050	4688

2-B-2.17 各地区国有总承包和专业承包企业应收工程款及企业亏损情况

地区	应收工程款（万元）	企业个数（个）	#亏损企业个数	亏损企业的比重（%）
总计	**3567719**	**186**	**15**	**8.1**
南京	1555830	36	3	8.3
无锡	243750	10		
徐州	686386	36	2	5.6
常州	51894	7	1	14.3
苏州	209495	11	1	9.1
南通	15033	5		
连云港	222024	18	3	16.7
淮安	41164	14		
盐城	44923	12	2	16.7
扬州	62538	8	1	12.5
镇江	298197	14	1	7.1
泰州	76221	7	1	14.3
宿迁	60262	8		

2-B-2.18 各地区国有总承包和专业承包企业主要经济效益指标

地 区	产值利润率（%）	产值利税率（%）	资本利润率（%）	资本利税率（%）	人均利润（元/人）	人均利税（元/人）	资产负债率（%）
总 计	**2.7**	**6.0**	**20.2**	**44.1**	**13162**	**28739**	**77.4**
南 京	3.6	6.5	28.5	52.1	20252	36998	83.5
无 锡	3.7	4.7	25.4	32.3	67862	86356	74.5
徐 州	0.5	5.0	2.6	24.5	1742	16240	61.8
常 州	5.9	11.3	9.6	18.2	18383	34998	52.1
苏 州	1.2	4.3	14.2	48.9	17864	61645	86.4
南 通	17.2	22.1	54.8	70.4	57487	73860	63.2
连云港	2.0	5.8	9.0	26.1	4818	13953	77.0
淮 安	7.0	14.1	16.0	32.2	17015	34195	42.6
盐 城	4.4	9.3	22.1	47.2	17898	38327	65.3
扬 州	4.3	10.1	22.5	53.2	16047	37878	79.2
镇 江	2.9	7.7	16.8	45.4	29510	79755	88.5
泰 州	2.0	4.6	81.6	183.6	5570	12535	44.2
宿 迁	6.3	12.2	27.5	53.7	16149	31489	48.2

2-B-2.19 各地区集体总承包和专业承包企业签订合同情况

单位：万元

地 区	合同总额	上年结转合同额	本年新签合同额
总 计	**1397116**	**632693**	**764423**
南 京	40575	22304	18271
无 锡	28234	9460	18774
徐 州	544070	332739	211331
常 州	48783	5585	43199
苏 州	66786	13305	53481
南 通	9159	777	8382
连云港	143802	19371	124432
淮 安	133296	8273	125023
盐 城	166039	154980	11059
扬 州	132286	55790	76496
镇 江	31630	4847	26783
泰 州	27583	2244	25338
宿 迁	24873	3020	21853

2-B-2.20 各地区集体总承包和专业承包企业承包工程完成情况

单位：万元

地区	直接从建设单位承揽工程完成的产值			从建设单位以外承揽工程完成的产值
		自行完成施工产值	分包出去工程的产值	
总计	**942624**	**942348**	**276**	**31852**
南京	31271	31271		
无锡	16892	16892		
徐州	335634	335358	276	9957
常州	48174	48174		113
苏州	61242	61242		261
南通	8557	8557		5668
连云港	115579	115579		14220
淮安	119135	119135		
盐城	45965	45965		
扬州	87186	87186		366
镇江	27943	27943		1267
泰州	20734	20734		
宿迁	24313	24313		

2-B-2.21　各地区集体总承包和专业承包企业建筑业总产值和竣工产值

单位：万元

地　区	建筑业总产值	#装饰装修产值	#在外省完成的产值	按构成分组			竣工产值
				建筑工程产值	安装工程产值	其他产值	
总　计	**974200**	**50194**	**175037**	**948452**	**17958**	**7791**	**899701**
南　京	31271	725	587	29736		1535	26339
无　锡	16892			16742		151	16552
徐　州	345316		9223	335727	7088	2500	301533
常　州	48287	38		48140	51	96	48936
苏　州	61502	44599	13956	60055		1448	57408
南　通	14225	1121	3620	10605	3620		22078
连云港	129799	3650	62795	128077	16	1707	145541
淮　安	119135		15099	119135			112333
盐　城	45965		41400	45965			22345
扬　州	87552		28287	80306	6896	350	87930
镇　江	29210	60	70	28919	286	5	17937
泰　州	20734			20734			15891
宿　迁	24313			24313			24880

2-B-2.22 各地区集体总承包和专业承包企业房屋建筑面积

地 区	房屋建筑施工面积（万平方米）	#本年新开工	房屋建筑竣工面积（万平方米）	房屋建筑面积竣工率（%）
总 计	**687.1**	**246.6**	**302.9**	**44.1**
南 京	19.6	3.4	6.0	30.8
无 锡	19.1	12.7	9.3	48.6
徐 州	240.5	91.0	123.2	51.2
常 州	0.6	0.0	0.6	100.0
苏 州	14.9	3.1	4.8	32.1
南 通				
连云港	97.4	55.7	62.2	63.9
淮 安	42.5	33.7	25.7	60.5
盐 城	152.2	9.5	20.4	13.4
扬 州	83.1	23.7	41.7	50.2
镇 江	4.3	3.1	2.6	61.8
泰 州	12.1	9.9	5.5	45.2
宿 迁	0.9	0.9	0.9	100.0

2-B-2.23　各地区按主要用途分的集体总承包和专业承包企业房屋建筑竣工面积

单位：万平方米

地　区	合计	住宅用房	商业及服务用房屋	办公用房屋	科研、教育和医疗用房屋	文化、体育和娱乐用房屋	厂房及建筑物	仓库	其他未列明的房屋建筑物
总　计	**302.9**	**242.0**	**16.1**	**6.6**	**3.8**	**0.4**	**31.7**	**0.1**	**2.3**
南　京	6.0	0.5	1.8	1.3	0.2	0.1	1.9	0.1	0.1
无　锡	9.3	2.4		2.9	1.7		2.3		
徐　州	123.2	113.1	7.1		1.2				1.8
常　州	0.6			0.1			0.5		
苏　州	4.8	4.8							
南　通									
连云港	62.2	40.5	6.6	1.0	0.0	0.3	13.3		0.5
淮　安	25.7	19.6		0.5	0.6		5.0		
盐　城	20.4	19.6					0.8		
扬　州	41.7	40.3					1.5		
镇　江	2.6	1.3		0.8			0.6		
泰　州	5.5						5.5		
宿　迁	0.9		0.5		0.1		0.2		

2-B-2.24 各地区按主要用途分的集体总承包和专业承包企业房屋建筑竣工价值

单位：万元

地 区	合计	住宅用房	商业及服务用房屋	办公用房屋	科研、教育和医疗用房屋	文化、体育和娱乐用房屋	厂房及建筑物	仓库	其他未列明的房屋建筑物
总 计	**553066**	**455677**	**15428**	**10173**	**6396**	**971**	**61504**	**230**	**2688**
南 京	10907	962	2922	2774	240	69	3479	230	232
无 锡	14820	3988		3325	3719		3788		
徐 州	275906	264451	8174		1445				1836
常 州	495			81			415		
苏 州	10098	10098							
南 通	10						10		
连云港	107284	62674	3869	1885		902	37334		620
淮 安	40118	34005		753	860		4500		
盐 城	22345	21925					420		
扬 州	58559	54680					3879		
镇 江	5114	2896		1354			863		
泰 州	6361						6361		
宿 迁	1050		463		132		455		

2-B-2.25　各地区集体总承包和专业承包企业施工机械设备情况

地　区	年末自有施工机械设备总台数（台）	年末自有施工机械设备总功率（千瓦）	年末自有施工机械设备净值（万元）	技术装备率（元/人）	动力装备率（千瓦/人）
总　计	**7803**	**224855**	**36332**	**11292**	**7.0**
南　京	605	7827	2290	17917	6.1
无　锡	265	5837	4385	51891	6.9
徐　州	1447	50846	9358	12403	6.7
常　州	67	1887	69	1293	3.5
苏　州	291	921	166	398	0.2
南　通	271	2880	411	6667	4.7
连云港	1849	76060	6407	12803	15.2
淮　安	947	37791	4662	9929	8.0
盐　城	17	440	268	1030	0.2
扬　州	1142	23459	3562	13774	9.1
镇　江	755	3762	2188	17026	2.9
泰　州	51	4100	638	11449	7.4
宿　迁	96	9045	1930	42511	19.9

2-B-2.26 各地区集体总承包和专业承包企业主要生产效益指标

地区	建筑业企业个数（个）	直接从事生产经营活动的平均人数（人）	按总产值计算的劳动生产率（元/人）	人均竣工产值（元/人）	人均施工面积（平方米/人）	人均竣工面积（平方米/人）
总计	**83**	**37265**	**261425**	**241433**	**184.4**	**81.3**
南京	9	1197	261246	220039	163.4	50.3
无锡	4	806	209579	205355	236.6	115.1
徐州	15	10351	333606	291308	232.3	119.0
常州	2	560	862259	873850	10.9	10.9
苏州	7	3979	154567	144278	37.4	12.0
南通	7	799	178034	276320	0.1	0.1
连云港	10	4928	263391	295334	197.6	126.3
淮安	10	6413	185770	175165	66.3	40.1
盐城	2	2599	176855	85973	585.6	78.4
扬州	6	2520	347429	348927	329.8	165.6
镇江	6	1329	219791	134962	32.0	19.8
泰州	2	635	326515	250255	190.9	86.4
宿迁	3	1149	211603	216540	7.6	7.6

2-B-2.27　各地区集体总承包和专业承包企业营业额

单位：万元

地　区	企业营业额	#在境外完成的营业额	企业总产值	#建筑业总产值
总　计	**799738**		**1038465**	**974200**
南　京	26444		31506	31271
无　锡	17987		16892	16892
徐　州	233681		351351	345316
常　州	49048		48287	48287
苏　州	58957		61502	61502
南　通	12598		14225	14225
连云港	130227		152019	129799
淮　安	96364		119195	119135
盐　城	43404		45965	45965
扬　州	61033		87552	87552
镇　江	34510		64925	29210
泰　州	15079		20734	20734
宿　迁	20406		24313	24313

2-B-2.28　各地区集体总承包和专业承包企业资产构成

单位：万元

地　区	资产总计	#流动资产合计	#存货
总　计	**772640**	**587376**	**137926**
南　京	55558	41350	12773
无　锡	27912	23636	9313
徐　州	107948	79546	26192
常　州	38170	35691	
苏　州	106863	104663	7954
南　通	51401	34004	1542
连云港	116485	54495	14568
淮　安	96702	84119	31293
盐　城	13388	10056	3813
扬　州	57301	33188	6171
镇　江	77475	72927	22543
泰　州	2753	1429	621
宿　迁	20686	12271	1144

2-B-2.29　各地区集体总承包和专业承包企业固定资产情况

单位：万元

地　区	固定资产原价	累计折旧		在建工程
			#本年折旧	
总　计	**131868**	**62432**	**6369**	**5667**
南　京	12784	8505	929	955
无　锡	9485	5412	420	
徐　州	29058	11747	1403	
常　州	1876	1314	93	
苏　州	3262	2014	195	35
南　通	6370	2281	711	2160
连云港	22241	10898	742	34
淮　安	13946	4849	557	2314
盐　城	7607	5312	76	
扬　州	17499	6584	717	
镇　江	4891	2007	313	169
泰　州	1098	717	112	
宿　迁	1752	793	102	

2-B-2.30 各地区集体总承包和专业承包企业负债及所有者权益

单位：万元

地区	负债合计	#流动负债	#应收账款	所有者权益	#实收资本
总计	**447248**	**416716**	**132413**	**325392**	**135421**
南京	36721	33645	10797	18837	9126
无锡	17446	17446	4775	10466	6355
徐州	48143	38109	12584	59805	28173
常州	29516	29516	20566	8654	3736
苏州	80824	80818	25182	26039	9802
南通	33535	33535	5221	17866	6522
连云港	54421	40729	11735	62064	21934
淮安	64428	63575	15656	32274	17208
盐城	4767	4767	876	8621	5065
扬州	33567	33566	16752	23734	19816
镇江	35196	35071	7358	42279	6427
泰州	1042	590	231	1711	593
宿迁	7643	5350	680	13043	664

2-B-2.31　各地区集体总承包和专业承包企业实收资本

单位：万元

地　区	合计	国家资本	集体资本	法人资本	个人资本	港澳台资本	外商资本
总　计	**135421**	**5692**	**89470**	**29290**	**10969**		
南　京	9126		9043	4	80		
无　锡	6355		1746	4608			
徐　州	28173		17341	10260	572		
常　州	3736		3700		36		
苏　州	9802		8934		868		
南　通	6522	612	1848	1722	2339		
连云港	21934		19901		2033		
淮　安	17208		13933	3275			
盐　城	5065		5065				
扬　州	19816	5080	2248	7448	5040		
镇　江	6427		4529	1898			
泰　州	593		518	75			
宿　迁	664		664				

2-B-2.32 各地区集体总承包和专业承包企业收入情况

单位：万元

地区	营业收入	主营业务收入	#主营业务成本	#主营业务税金及附加	营业利润	#其他业务利润
总计	**799738**	**787941**	**681609**	**24575**	**37323**	**417**
南京	26444	26444	19941	727	2347	
无锡	17987	17983	15151	597	1306	4
徐州	233681	230763	205448	7706	7903	0
常州	49048	47698	44637	64	2251	
苏州	58957	58173	51895	252	1684	320
南通	12598	12525	11508	89	229	55
连云港	130227	130227	107876	7349	6495	
淮安	96364	96364	78816	3756	6293	
盐城	43404	43404	36504	1060	564	
扬州	61033	60697	54996	1571	2692	
镇江	34510	28959	24987	644	2711	37
泰州	15079	15079	12799	595	1301	
宿迁	20406	19626	17052	165	1548	

2-B-2.33　各地区集体总承包和专业承包企业费用情况

单位：万元

地　区	管理费用	销售费用	财务费用	#利息收入	#利息支出
总　计	**37503**	**3533**	**4888**	**683**	**2447**
南　京	2385	722	152	72	4
无　锡	738	182	13	0	0
徐　州	8546	166	548	34	99
常　州	1397	17	-143	155	
苏　州	3052	47	1560	173	1721
南　通	674	47	3	0	2
连云港	4869	540	1097	5	514
淮　安	5683	1107	727	10	18
盐　城	5192	25	59		
扬　州	1576	6	140	62	50
镇　江	1935	168	658	171	26
泰　州	289	83	13	1	14
宿　迁	1167	424	60		

2-B-2.34 各地区集体总承包和专业承包企业利润及税金情况

单位：万元

地 区	利润总额	税金总额		
			主营业务税金及附加	应交增值税
总 计	**37125**	**56876**	**24575**	**32301**
南 京	2256	2230	727	1503
无 锡	1306	1110	597	513
徐 州	7797	18513	7706	10808
常 州	2395	84	64	20
苏 州	1597	1612	252	1360
南 通	245	937	89	848
连云港	6488	13667	7349	6318
淮 安	6300	6941	3756	3185
盐 城	564	3256	1060	2196
扬 州	2646	3973	1571	2402
镇 江	2677	1550	644	906
泰 州	1301	937	595	342
宿 迁	1553	2066	165	1901

2-B-2.35　各地区集体总承包和专业承包企业应收工程款及企业亏损情况

地　区	应收工程款（万元）	企业个数（个）	#亏损企业个数	亏损企业的比重（%）
总　计	**178051**	**83**	**6**	**7.2**
南　京	13893	9	2	22.2
无　锡	8735	4		
徐　州	25209	15		
常　州	5224	2	1	50.0
苏　州	25560	7	1	14.3
南　通	4591	7	2	28.6
连云港	21614	10		
淮　安	15055	10		
盐　城	1752	2		
扬　州	17970	6		
镇　江	30488	6		
泰　州	547	2		
宿　迁	7413	3		

2-B-2.36 各地区集体总承包和专业承包企业主要经济效益指标

地区	产值利润率（%）	产值利税率（%）	资本利润率（%）	资本利税率（%）	人均利润（元/人）	人均利税（元/人）	资产负债率（%）
总　计	**3.8**	**9.6**	**27.4**	**69.4**	**9962**	**25225**	**57.9**
南　京	7.2	14.3	24.7	49.2	18847	37475	66.1
无　锡	7.7	14.3	20.6	38.0	16208	29979	62.5
徐　州	2.3	7.6	27.7	93.4	7533	25418	44.6
常　州	5.0	5.1	64.1	66.3	42763	44255	77.3
苏　州	2.6	5.2	16.3	32.7	4014	8065	75.6
南　通	1.7	8.3	3.8	18.1	3070	14798	65.2
连云港	5.0	15.5	29.6	91.9	13165	40898	46.7
淮　安	5.3	11.1	36.6	76.9	9823	20647	66.6
盐　城	1.2	8.3	11.1	75.4	2169	14699	35.6
扬　州	3.0	7.6	13.4	33.4	10500	26266	58.6
镇　江	9.2	14.5	41.7	65.8	20144	31805	45.4
泰　州	6.3	10.8	219.4	377.4	20483	35236	37.8
宿　迁	6.4	14.9	234.0	545.4	13519	31502	36.9

2-B-2.37　各地区私营总承包和专业承包企业签订合同情况

单位：万元

地　区	合同总额	上年结转合同额	本年新签合同额
总　计	**265418734**	**99275033**	**166143701**
南　京	30828169	12521851	18306318
无　锡	8353218	2804102	5549116
徐　州	15113436	5069227	10044209
常　州	22317641	7550820	14766820
苏　州	19591879	7283694	12308185
南　通	61621896	28152890	33469006
连云港	7820454	2495722	5324733
淮　安	15584634	5092909	10491725
盐　城	19655552	6558979	13096573
扬　州	26577492	9734403	16843089
镇　江	3433511	1261859	2171652
泰　州	25582566	6982197	18600369
宿　迁	8938286	3766381	5171906

2-B-2.38　各地区私营总承包和专业承包企业承包工程完成情况

单位：万元

地　区	直接从建设单位承揽工程完成的产值			从建设单位以外承揽工程完成的产值
		自行完成施工产值	分包出去工程的产值	
总　计	**164595893**	**164276101**	**319792**	**14565547**
南　京	15833169	15784288	48881	2115103
无　锡	5039610	5008980	30630	499703
徐　州	10310990	10300843	10147	598727
常　州	13521101	13485267	35834	1056566
苏　州	10738246	10656488	81758	871602
南　通	36768361	36736133	32229	4024273
连云港	5307868	5304043	3825	256577
淮　安	11063665	11051728	11936	696991
盐　城	12926216	12908851	17366	796897
扬　州	17297394	17293201	4193	2003498
镇　江	2342770	2327444	15326	194822
泰　州	18702111	18679997	22114	1331822
宿　迁	4744392	4738839	5553	118966

2-B-2.39　各地区私营总承包和专业承包企业建筑业总产值和竣工产值

单位：万元

地　区	建筑业总产值	#装饰装修产值	#在外省完成的产值	按构成分组			竣工产值
				建筑工程产值	安装工程产值	其他产值	
总　计	**178841648**	**9707607**	**70051911**	**167780126**	**9646982**	**1414540**	**139765676**
南　京	17899391	1833202	4149887	16600121	941774	357496	13987026
无　锡	5508684	389889	1257965	4766813	695722	46149	3699272
徐　州	10899570	361980	3547652	10439621	407972	51978	8513949
常　州	14541833	908124	5648837	11868401	2541469	131964	11650424
苏　州	11528089	1522386	1968097	10254265	1107601	166224	9387879
南　通	40760405	1588333	23642822	39087602	1536191	136612	28541389
连云港	5560620	201840	2093302	5337224	141019	82376	4370085
淮　安	11748720	774467	2877419	11447222	248157	53341	9742405
盐　城	13705748	355315	5902008	13330008	205552	170189	11075848
扬　州	19296699	872393	9511877	18301128	927511	68060	15800287
镇　江	2522266	388451	440192	2313648	185032	23586	2049628
泰　州	20011819	415932	7278597	19337723	606782	67315	16825272
宿　迁	4857805	95294	1733256	4696352	102202	59251	4122214

2-B-2.40 各地区私营总承包和专业承包企业房屋建筑面积

地 区	房屋建筑施工面积（万平方米）	#本年新开工	房屋建筑竣工面积（万平方米）	房屋建筑面积竣工率（%）
总 计	**149687.3**	**58865.9**	**49445.9**	**33.0**
南 京	13728.0	4439.1	3760.4	27.4
无 锡	3630.9	1463.7	1080.9	29.8
徐 州	8072.1	3236.4	3009.5	37.3
常 州	10545.2	4425.9	3045.8	28.9
苏 州	7069.8	2686.8	1984.5	28.1
南 通	44245.7	15096.4	11192.9	25.3
连云港	5174.1	2540.4	2154.9	41.6
淮 安	12408.8	3863.8	3760.0	30.3
盐 城	9711.7	4264.6	4044.5	41.6
扬 州	14351.5	7058.2	5589.3	38.9
镇 江	1330.7	437.1	460.1	34.6
泰 州	15292.5	7593.7	7626.5	49.9
宿 迁	4126.2	1759.8	1736.7	42.1

2-B-2.41　各地区按主要用途分的私营总承包和专业承包企业房屋建筑竣工面积

单位：万平方米

地　区	合计	住宅用房	商业及服务用房屋	办公用房屋	科研、教育和医疗用房屋	文化、体育和娱乐用房屋	厂房及建筑物	仓库	其他未列明的房屋建筑物
总　计	**49445.9**	**35301.3**	**1575.7**	**1888.8**	**1349.0**	**387.8**	**7898.0**	**421.2**	**624.2**
南　京	3760.4	2515.3	198.0	215.2	179.1	17.9	531.5	28.3	75.1
无　锡	1080.9	590.7	18.7	35.9	40.3	2.3	345.4	6.1	41.3
徐　州	3009.5	1987.1	94.2	113.8	173.2	53.3	538.1	42.1	7.9
常　州	3045.8	1917.8	67.3	94.9	172.6	14.2	701.3	57.2	20.6
苏　州	1984.5	917.8	91.6	104.3	140.8	41.0	612.4	38.7	37.8
南　通	11192.9	8938.8	529.9	225.0	134.5	95.9	1118.4	77.5	72.9
连云港	2154.9	1784.1	45.6	61.2	68.1	0.6	159.2	16.3	19.9
淮　安	3760.0	3095.9	59.8	91.8	38.7	19.6	414.0	21.9	18.3
盐　城	4044.5	2741.3	89.5	114.7	82.4	19.6	869.9	18.6	108.5
扬　州	5589.3	4419.4	148.8	143.7	120.8	79.8	577.2	16.2	83.4
镇　江	460.1	244.8	30.1	12.2	35.3	0.4	124.3	10.1	2.9
泰　州	7626.5	4863.2	174.2	612.5	122.3	21.4	1637.1	80.8	114.9
宿　迁	1736.7	1285.1	27.8	63.6	40.9	22.1	269.2	7.3	20.8

2-B-2.42 各地区按主要用途分的私营总承包和专业承包企业房屋建筑竣工价值

单位：万元

地区	合计	住宅用房	商业及服务用房屋	办公用房屋	科研、教育和医疗用房屋	文化、体育和娱乐用房屋	厂房及建筑物	仓库	其他未列明的房屋建筑物
总 计	**88920715**	**64804552**	**2887868**	**3408516**	**3014783**	**818013**	**12096123**	**727963**	**1162897**
南 京	8010041	5175231	382868	572480	539483	36882	1131027	42772	129299
无 锡	1809322	997990	32842	71880	108876	5703	483997	7581	100454
徐 州	5217464	3592776	163366	222351	301351	94153	765516	63992	13959
常 州	5192892	3237885	127365	199016	444604	30210	1068504	42537	42770
苏 州	3703624	1863067	188153	193244	339215	128241	847366	46607	97731
南 通	22167354	18001959	997304	553503	253749	157945	1838747	230768	133379
连云港	3569330	2978527	63566	92818	133007	886	225994	33363	41170
淮 安	6435861	5333723	126542	208639	61035	37596	592893	32792	42643
盐 城	7364310	5083222	148495	185865	185651	44860	1515753	31972	168492
扬 州	10710542	8436330	274363	351547	274428	201931	968656	35070	168219
镇 江	750376	390518	49154	26982	72133	1085	177750	27116	5638
泰 州	11495531	7930790	284455	618550	224245	52327	2089417	125348	170398
宿 迁	2494070	1782535	49395	111643	77006	26195	390504	8045	48747

2-B-2.43　各地区私营总承包和专业承包企业施工机械设备情况

地　区	年末自有施工机械设备总台数（台）	年末自有施工机械设备总功率（千瓦）	年末自有施工机械设备净值（万元）	技术装备率（元/人）	动力装备率（千瓦/人）
总　计	**863916**	**22231542**	**4406051**	**8402**	**4.2**
南　京	68650	1841638	452581	8072	3.3
无　锡	40676	784351	189352	12183	5.0
徐　州	82021	2406845	399427	11077	6.7
常　州	73344	1590070	298023	6824	3.6
苏　州	60948	1211312	239476	7886	4.0
南　通	179636	4221075	666974	7267	4.6
连云港	45622	595488	154693	7512	2.9
淮　安	44103	1135919	357412	8544	2.7
盐　城	61479	1525786	412642	10372	3.8
扬　州	86747	3307058	458147	9605	6.9
镇　江	14842	511804	102115	11403	5.7
泰　州	81174	2413466	496471	7188	3.5
宿　迁	24674	686730	178739	7783	3.0

2-B-2.44 各地区私营总承包和专业承包企业主要生产效益指标

地 区	建筑业企业个数（个）	直接从事生产经营活动的平均人数（人）	按总产值计算的劳动生产率（元/人）	人均竣工产值（元/人）	人均施工面积（平方米/人）	人均竣工面积（平方米/人）
总 计	**7641**	**5904848**	**302872.6**	**236696**	**253.5**	**83.7**
南 京	1179	681727	262559.5	205170	201.4	55.2
无 锡	481	168371	327175.3	219710	215.6	64.2
徐 州	403	439632	247924.9	193661	183.6	68.5
常 州	609	457009	318195.8	254928	230.7	66.6
苏 州	1115	380625	302872.6	246644	185.7	52.1
南 通	847	1036162	393378.7	275453	427.0	108.0
连云港	211	235529	236090.7	185543	219.7	91.5
淮 安	472	557108	210887.6	174875	222.7	67.5
盐 城	608	487046	281405.6	227409	199.4	83.0
扬 州	523	481569	400704.8	328100	298.0	116.1
镇 江	299	111749	225708.1	183414	119.1	41.2
泰 州	607	648241	308709.6	259553	235.9	117.6
宿 迁	287	220080	220729.0	187305	187.5	78.9

2-B-2.45　各地区私营总承包和专业承包企业营业额

单位：万元

地　区	企业营业额	#在境外完成的营业额	企业总产值	#建筑业总产值
总　计	**146083814**	**1200493**	**189237228**	**178841648**
南　京	16782461	122672	21049929	17899391
无　锡	6009153	15107	5653441	5508684
徐　州	9616862	13349	11032058	10899570
常　州	12500244	282403	14734738	14541833
苏　州	11230093	37317	11818262	11528089
南　通	32073819	403972	42910228	40760405
连云港	4796116	121	5643190	5560620
淮　安	9087328	33550	12056491	11748720
盐　城	10658472	16900	14011453	13705748
扬　州	13127146	138846	22332719	19296699
镇　江	2348550	2180	2627952	2522266
泰　州	13728025	130326	20405700	20011819
宿　迁	4125546	3749	4961069	4857805

2-B-2.46 各地区私营总承包和专业承包企业资产构成

单位：万元

地区	资产总计	#流动资产合计	#存货
总 计	**109594315**	**89747603**	**22738244**
南 京	16396889	13705335	3356891
无 锡	5709954	4930647	1365267
徐 州	4699451	3711231	1031910
常 州	10541570	9119281	2223144
苏 州	13499632	11979740	3202729
南 通	20796844	17563135	4297554
连云港	2382314	1742229	445765
淮 安	5263131	3628041	754257
盐 城	9026424	6477955	1360940
扬 州	7377120	6117202	1899756
镇 江	3435429	2792865	741881
泰 州	7565067	5717502	1638090
宿 迁	2900490	2262441	420062

2-B-2.47　各地区私营总承包和专业承包企业固定资产情况

单位：万元

地　区	固定资产原价	累计折旧	#本年折旧	在建工程
总　计	**14558953**	**5756007**	**864284**	**940084**
南　京	1687072	778080	110856	64455
无　锡	760057	398584	48595	10737
徐　州	769352	258089	54438	67812
常　州	1161707	528007	70325	89083
苏　州	1417252	778482	80747	67646
南　通	2200100	1006502	115898	55046
连云港	463260	175757	21752	53588
淮　安	1003105	239892	61727	118619
盐　城	1803098	490540	94909	27420
扬　州	1017545	380499	67885	293196
镇　江	403685	158209	23261	36977
泰　州	1463196	440039	88975	36487
宿　迁	409525	123327	24916	19017

2-B-2.48 各地区私营总承包和专业承包企业负债及所有者权益

单位：万元

地 区	负债合计	#流动负债	#应收账款	所有者权益	#实收资本
总 计	**54315935**	**50523290**	**19880509**	**55278380**	**24462332**
南 京	9118179	7672461	3245828	7278710	3372692
无 锡	3005449	2907812	1273336	2704505	1465142
徐 州	1655799	1593092	598260	3043652	1257321
常 州	5847782	5581676	2204138	4693787	2251298
苏 州	7943524	7788110	3926044	5556108	3210904
南 通	10883218	10375307	3175192	9913627	3567337
连云港	737825	687901	256391	1644489	543237
淮 安	2039537	1727320	714492	3223594	1287328
盐 城	4227307	3880397	1633727	4799117	2283785
扬 州	3223490	3008966	918815	4153630	1704575
镇 江	1689613	1567672	491769	1745816	883134
泰 州	2993951	2840128	1075930	4571116	1791763
宿 迁	950261	892448	366588	1950229	843818

2-B-2.49　各地区私营总承包和专业承包企业实收资本

单位：万元

地　区	合计	国家资本	集体资本	法人资本	个人资本	港澳台资本	外商资本
总　计	**24462332**	**12149**	**40104**	**6815751**	**17567553**	**25245**	**1531**
南　京	3372692	5221	5588	1029173	2327150	5560	
无　锡	1465142		15748	283412	1165981		
徐　州	1257321	716	1618	298882	956105		
常　州	2251298	4220	1163	537003	1708913		
苏　州	3210904		2030	939746	2268016		1111
南　通	3567337	500	5090	852899	2708849		
连云港	543237			139197	404040		
淮　安	1287328		6461	422201	858666		
盐　城	2283785		571	565770	1717444		
扬　州	1704575	660	596	557715	1129500	15685	420
镇　江	883134			275272	603861	4000	
泰　州	1791763	563		540061	1251139		
宿　迁	843818	270	1239	374419	467890		

2-B-2.50 各地区私营总承包和专业承包企业收入情况

单位：万元

地区	营业收入	主营业务收入	#主营业务成本	#主营业务税金及附加	营业利润	#其他业务利润
总计	**146083814**	**145420122**	**130276508**	**2465196**	**6471999**	**86397**
南京	16782461	16688205	15104516	187044	679090	13127
无锡	6009153	5980376	5354468	64766	282355	7972
徐州	9616862	9602548	8451015	196832	460666	590
常州	12500244	12477879	11554226	99514	443921	4929
苏州	11230093	11154791	10007613	58010	419703	22232
南通	32073819	31800321	29552120	351082	1176683	20138
连云港	4796116	4782640	4166886	159743	261791	459
淮安	9087328	9038334	7616812	288014	449868	1646
盐城	10658472	10637331	9316206	284258	432802	3906
扬州	13127146	13099141	11646128	217410	730021	2740
镇江	2348550	2333033	2014926	40582	140763	3535
泰州	13728025	13721019	12024210	370665	780503	626
宿迁	4125546	4104503	3467383	147277	213835	4500

2-B-2.51　各地区私营总承包和专业承包企业费用情况

单位：万元

地　区	管理费用	销售费用	财务费用		
				#利息收入	#利息支出
总　计	**4467123**	**790604**	**944868**	**540442**	**65542**
南　京	528905	85808	118509	82071	13821
无　锡	241295	21670	30644	19901	1587
徐　州	439296	54759	26729	10762	593
常　州	285013	22754	76790	53361	5738
苏　州	547236	62311	82829	49315	4749
南　通	532696	36325	194217	123380	22977
连云港	147038	24514	24250	9459	1782
淮　安	431780	141405	62636	21064	2138
盐　城	394352	86211	91033	48226	2331
扬　州	318662	87671	95552	30248	2696
镇　江	90628	24318	29055	16978	497
泰　州	341790	94305	84239	51483	2954
宿　迁	168434	48553	28386	24195	3679

2-B-2.52 各地区私营总承包和专业承包企业利润及税金情况

单位：万元

地 区	利润总额	税金总额	主营业务税金及附加	应交增值税
总 计	**6481998**	**7164627**	**2465196**	**4699432**
南 京	681851	715531	187044	528487
无 锡	286857	232167	64766	167400
徐 州	459553	595107	196832	398276
常 州	454477	503881	99514	404367
苏 州	422980	336614	58010	278603
南 通	1169196	1219877	351082	868796
连云港	262082	339692	159743	179949
淮 安	450022	617873	288014	329859
盐 城	428440	631774	284258	347516
扬 州	731067	652157	217410	434747
镇 江	140075	126211	40582	85629
泰 州	779642	875534	370665	504869
宿 迁	215756	318210	147277	170933

2-B-2.53　各地区私营总承包和专业承包企业应收工程款及企业亏损情况

地　区	应收工程款（万元）	企业个数（个）	#亏损企业个数	亏损企业的比重（%）
总　计	**34973131**	**7641**	**442**	**5.8**
南　京	4534244	1179	117	9.9
无　锡	1852884	481	34	7.1
徐　州	1378410	403	16	4.0
常　州	3811937	609	45	7.4
苏　州	4232275	1115	125	11.2
南　通	7248851	847	39	4.6
连云港	738450	211	2	0.9
淮　安	1508808	472	7	1.5
盐　城	2621573	608	18	3.0
扬　州	2485366	523	12	2.3
镇　江	1113309	299	16	5.4
泰　州	2358040	607	8	1.3
宿　迁	1088985	287	3	1.0

2-B-2.54 各地区私营总承包和专业承包企业主要经济效益指标

地 区	产值利润率（%）	产值利税率（%）	资本利润率（%）	资本利税率（%）	人均利润（元/人）	人均利税（元/人）	资产负债率（%）
总 计	**3.6**	**7.6**	**26.5**	**55.8**	**10977.4**	**23110.9**	**49.6**
南 京	3.8	7.8	20.2	41.4	10001.8	20497.7	55.6
无 锡	5.2	9.4	19.6	35.4	17037.2	30826.2	52.6
徐 州	4.2	9.7	36.6	83.9	10453.1	23989.6	35.2
常 州	3.1	6.6	20.2	42.6	9944.6	20970.2	55.5
苏 州	3.7	6.6	13.2	23.7	11112.8	19956.5	58.8
南 通	2.9	5.9	32.8	67.0	11283.9	23056.9	52.3
连云港	4.7	10.8	48.2	110.8	11127.4	25549.9	31.0
淮 安	3.8	9.1	35.0	83.0	8077.8	19168.5	38.8
盐 城	3.1	7.7	18.8	46.4	8796.7	21768.3	46.8
扬 州	3.8	7.2	42.9	81.1	15180.9	28723.3	43.7
镇 江	5.6	10.6	15.9	30.2	12534.8	23828.9	49.2
泰 州	3.9	8.3	43.5	92.4	12027.0	25533.3	39.6
宿 迁	4.4	11.0	25.6	63.3	9803.5	24262.4	32.8

2-B-2.55　各地区股份制总承包和专业承包企业签订合同情况

单位：万元

地　区	合同总额	上年结转合同额	本年新签合同额
总　计	**203576176**	**89294087**	**114282089**
南　京	38709948	17295053	21414895
无　锡	4753961	2044396	2709565
徐　州	3461258	937996	2523262
常　州	2264967	834576	1430392
苏　州	19554033	6440594	13113438
南　通	66478460	30345016	36133443
连云港	1425847	520854	904993
淮　安	2843663	994750	1848914
盐　城	5268654	1730619	3538035
扬　州	30423752	15193973	15229779
镇　江	5764162	2970773	2793389
泰　州	19724505	8993317	10731188
宿　迁	2902967	992171	1910796

2-B-2.56 各地区股份制总承包和专业承包企业承包工程完成情况

单位：万元

地 区	直接从建设单位承揽工程完成的产值	自行完成施工产值	分包出去工程的产值	从建设单位以外承揽工程完成的产值
总 计	**110220424**	**109513479**	**706945**	**6664123**
南 京	15227499	14575219	652281	1064668
无 锡	1778771	1777671	1100	724801
徐 州	2484151	2473785	10365	21649
常 州	1108684	1097362	11323	269639
苏 州	10000452	9995409	5043	378013
南 通	40823133	40802499	20634	1362712
连云港	978128	976084	2045	57970
淮 安	1865035	1864870	165	124549
盐 城	3419792	3419592	200	148941
扬 州	17876936	17875686	1250	1537852
镇 江	2120052	2119366	686	118339
泰 州	10791466	10791211	255	802579
宿 迁	1746325	1744725	1600	52411

2-B-2.57　各地区股份制总承包和专业承包企业建筑业总产值和竣工产值

单位：万元

地　区	建筑业总产值	#装饰装修产值	#在外省完成的产值	按构成分组			竣工产值
				建筑工程产值	安装工程产值	其他产值	
总　计	**116177601**	**7448947**	**66067153**	**107906860**	**7413490**	**857251**	**82766771**
南　京	15639886	881092	6737668	13122257	2429278	88351	8888881
无　锡	2502471	10092	1241866	1630032	871197	1242	2166352
徐　州	2495434	5657	1004969	2408656	86105	673	1815195
常　州	1367001	219022	459256	955892	378111	32999	1110054
苏　州	10373422	3626259	3877532	10087405	273479	12539	6779690
南　通	42165211	1427208	27682699	40450196	1194910	520106	28868967
连云港	1034054	13623	253269	963908	62238	7909	704540
淮　安	1989419	499100	618307	1841535	131266	16618	1610262
盐　城	3568533	47920	1415388	3479876	71434	17223	2844149
扬　州	19413538	571045	12461873	17942061	1442066	29411	15879214
镇　江	2237705	5543	609968	1885776	263401	88529	1299379
泰　州	11593790	94767	8852465	11434944	144817	14029	9292956
宿　迁	1797136	47619	851893	1704322	65190	27623	1507132

2-B-2.58 各地区股份制总承包和专业承包企业房屋建筑面积

地区	房屋建筑施工面积（万平方米）	#本年新开工	房屋建筑竣工面积（万平方米）	房屋建筑面积竣工率（%）
总计	**93132.3**	**32930.5**	**25164.3**	**27.0**
南京	9900.0	3400.7	2288.7	23.1
无锡	347.3	146.7	121.7	35.1
徐州	1488.4	746.3	432.1	29.0
常州	547.4	190.3	202.2	36.9
苏州	3251.3	1356.4	757.9	23.3
南通	43330.7	14544.5	10181.3	23.5
连云港	570.9	309.3	242.0	42.4
淮安	197.7	125.4	124.7	63.0
盐城	1875.3	705.0	725.2	38.7
扬州	14211.6	5123.1	5049.6	35.5
镇江	549.7	239.5	98.2	17.9
泰州	15089.2	5358.0	4227.7	28.0
宿迁	1772.8	685.3	712.9	40.2

2-B-2.59　各地区按主要用途分的股份制总承包和专业承包企业房屋建筑竣工面积

单位：万平方米

地　区	合计	住宅用房	商业及服务用房屋	办公用房屋	科研、教育和医疗用房屋	文化、体育和娱乐用房屋	厂房及建筑物	仓库	其他未列明的房屋建筑物
总　计	**25164.3**	**18700.4**	**1190.2**	**1108.3**	**795.6**	**343.6**	**2438.4**	**247.3**	**340.5**
南　京	2288.7	1614.0	173.0	148.3	63.6	58.8	201.2	20.2	9.5
无　锡	121.7	48.3	22.2	6.4	9.8	2.3	32.0	0.1	0.6
徐　州	432.1	355.6	2.9	2.0	2.6		45.2	1.2	22.6
常　州	202.2	150.5	0.2	4.1	5.9	2.1	39.4		
苏　州	757.9	343.2	45.2	60.7	74.5	10.2	182.2	14.7	27.3
南　通	10181.3	7408.6	409.5	459.1	336.0	129.7	1072.9	174.7	190.8
连云港	242.0	173.4	2.9	28.0	4.0	1.9	30.7	0.1	0.9
淮　安	124.7	95.4	8.0	10.9	4.3		3.2		2.8
盐　城	725.2	492.1	7.9	16.2	19.9		175.5	3.3	10.3
扬　州	5049.6	3928.1	197.3	265.4	202.6	51.4	363.4	7.3	34.1
镇　江	98.2	39.1	7.4	1.5	13.0	0.6	35.3	0.4	0.9
泰　州	4227.7	3632.3	159.5	96.2	30.2	86.6	172.1	20.7	30.1
宿　迁	712.9	419.8	154.0	9.6	29.2	0.0	85.0	4.7	10.5

2-B-2.60 各地区按主要用途分的股份制总承包和专业承包企业房屋建筑竣工价值

单位：万元

地区	合计	住宅用房	商业及服务用房屋	办公用房屋	科研、教育和医疗用房屋	文化、体育和娱乐用房屋	厂房及建筑物	仓库	其他未列明的房屋建筑物
总计	**56270082**	**40438093**	**2730994**	**3238198**	**2222067**	**861360**	**5334200**	**490922**	**954248**
南京	4462129	2699269	451826	344104	150470	237985	526769	26161	25545
无锡	226226	84483	44555	12610	22120	4427	55996	248	1786
徐州	778308	652154	5591	1761	3543		82237	1580	31442
常州	354523	224908	742	12336	22678	4974	88885		
苏州	1646284	741613	164049	130168	203866	26328	285495	26267	68496
南通	24163726	17327917	903362	1391516	861310	245154	2426458	371091	636918
连云港	389774	249088	5764	59892	9108	4512	59462	209	1739
淮安	286569	210378	16117	41429	10171		4909		3566
盐城	1592886	1092128	13327	35819	53898		378044	6050	13620
扬州	13030218	9659490	569934	971991	679429	124486	880166	34023	110699
镇江	216148	66577	21472	2570	35862	1059	86756	522	1331
泰州	7967373	6807350	257006	201438	92091	212386	323419	19923	53761
宿迁	1155919	622737	277250	32565	77520	49	135605	4848	5345

2-B-2.61　各地区股份制总承包和专业承包企业施工机械设备情况

地　区	年末自有施工机械设备总台数（台）	年末自有施工机械设备总功率（千瓦）	年末自有施工机械设备净值（万元）	技术装备率（元/人）	动力装备率（千瓦/人）
总　计	**415414**	**13668245**	**3171800**	**12894**	**5.6**
南　京	45395	1567599	504670	22499	7.0
无　锡	8625	302420	40605	14629	10.9
徐　州	13065	258045	92283	9836	2.8
常　州	7315	112478	20479	4696	2.6
苏　州	13838	391715	100694	6066	2.4
南　通	138667	5040062	1262633	15598	6.2
连云港	10530	187558	41787	10151	4.6
淮　安	6715	337844	43436	8584	6.7
盐　城	34711	545326	138410	12408	4.9
扬　州	85026	3409415	591412	14754	8.5
镇　江	7534	180755	47266	15361	5.9
泰　州	37062	1158216	234833	6001	3.0
宿　迁	6931	176812	53294	7770	2.6

2-B-2.62 各地区股份制总承包和专业承包企业主要生产效益指标

地 区	建筑业企业个数（个）	直接从事生产经营活动的平均人数（人）	按总产值计算的劳动生产率（元/人）	人均竣工产值（元/人）	人均施工面积（平方米/人）	人均竣工面积（平方米/人）
总 计	**1327**	**2633344**	**441179**	**314303**	**353.7**	**95.6**
南 京	283	331332	472031	268277	298.8	69.1
无 锡	55	41361	605032	523767	84.0	29.4
徐 州	67	99181	251604	183018	150.1	43.6
常 州	49	34272	398868	323895	159.7	59.0
苏 州	124	206321	502781	328599	157.6	36.7
南 通	115	838411	502918	344330	516.8	121.4
连云港	58	42853	241303	164408	133.2	56.5
淮 安	63	56229	353807	286376	35.2	22.2
盐 城	156	132294	269743	214987	141.7	54.8
扬 州	116	435612	445661	364527	326.2	115.9
镇 江	52	37730	593084	344389	145.7	26.0
泰 州	111	311858	371765	297987	483.8	135.6
宿 迁	78	65890	272748	228735	269.0	108.2

2-B-2.63　各地区股份制总承包和专业承包企业营业额

单位：万元

地　区	企业营业额	#在境外完成的营业额	企业总产值	#建筑业总产值
总　计	**97490037**	**3183359**	**122420176**	**116177601**
南　京	15837309	887892	16437679	15639886
无　锡	2588155	628162	2540534	2502471
徐　州	1891299		2701582	2495434
常　州	1551643	3290	1449217	1367001
苏　州	9536428	262203	10614273	10373422
南　通	34650129	554050	44397018	42165211
连云港	949200		1093288	1034054
淮　安	1777441		2003492	1989419
盐　城	3023650	61	3717615	3568533
扬　州	12925380	488156	20988818	19413538
镇　江	2334568	81906	2390738	2237705
泰　州	8879447	277639	12223024	11593790
宿　迁	1545389		1862898	1797136

2-B-2.64 各地区股份制总承包和专业承包企业资产构成

单位：万元

地区	资产总计	#流动资产合计	#存货
总计	**78738362**	**67754872**	**14928062**
南京	18371071	15569523	2622222
无锡	3731719	2919522	797022
徐州	1116718	969525	213781
常州	3229625	2498986	357090
苏州	9985842	8769203	1629382
南通	19360709	17634237	4664069
连云港	956699	767101	116047
淮安	2002902	1536548	188550
盐城	2368408	1938135	364111
扬州	9849314	8428168	2605018
镇江	2560544	2311889	242133
泰州	3833329	3220137	932547
宿迁	1371482	1191898	196090

2-B-2.65 各地区股份制总承包和专业承包企业固定资产情况

单位：万元

地　区	固定资产原价	累计折旧	#本年折旧	在建工程
总　计	**6968483**	**3047262**	**449114**	**339081**
南　京	1282943	607722	134342	52848
无　锡	451577	203347	24976	28449
徐　州	233804	123963	18682	6262
常　州	255214	76313	9639	295
苏　州	720003	332329	41854	26587
南　通	1526024	624614	67673	9166
连云港	133609	47756	5625	1558
淮　安	236571	82372	12946	82205
盐　城	395725	173918	24558	4096
扬　州	819658	360777	52520	80548
镇　江	203859	104648	12748	32757
泰　州	572271	253941	33893	9381
宿　迁	137226	55561	9657	4928

2-B-2.66 各地区股份制总承包和专业承包企业负债及所有者权益

单位：万元

地 区	负债合计	#流动负债	#应收账款	所有者权益	#实收资本
总 计	**50274358**	**46258147**	**18033047**	**28464004**	**8996100**
南 京	13671603	12617402	5305722	4699468	2137511
无 锡	2848825	2488640	850658	882894	355172
徐 州	474480	412354	177472	642238	342561
常 州	1913354	1711792	451661	1316271	416580
苏 州	6766509	6518178	3482101	3219333	1174977
南 通	12055807	11250648	3942460	7304902	1218028
连云港	464855	443063	189821	491844	228530
淮 安	1091687	916326	179997	911215	404044
盐 城	1113206	1062908	385286	1255202	535743
扬 州	5710228	4849619	1700456	4139086	1050611
镇 江	1875153	1755847	772633	685391	311923
泰 州	1777471	1744406	465171	2055859	543749
宿 迁	511180	486964	129610	860302	276672

2-B-2.67　各地区股份制总承包和专业承包企业实收资本

单位：万元

地　区	合计	国家资本	集体资本	法人资本	个人资本	港澳台资本	外商资本
总　计	**8996100**	**1587058**	**606061**	**3430726**	**3281530**	**27222**	**63504**
南　京	2137511	501523	170215	913729	552043		
无　锡	355172	64529	58114	96906	135624		
徐　州	342561	76916	15693	210115	39839		
常　州	416580	109380	35510	189154	82536		
苏　州	1174977	181555	64650	426861	438407		63504
南　通	1218028	7262	66500	525720	618547		
连云港	228530	119543	15291	52775	40922		
淮　安	404044	56847	16648	212712	117837		
盐　城	535743	47811	23633	180987	283312		
扬　州	1050611	271000	85222	297586	369582	27222	
镇　江	311923	64271	24701	116492	106459		
泰　州	543749	78686	18634	118499	327930		
宿　迁	276672	7738	11252	89189	168493		

2-B-2.68 各地区股份制总承包和专业承包企业收入情况

单位：万元

地 区	营业收入	主营业务收 入	#主营业务成 本	#主营业务税金及附加	营业利润	#其他业务利 润
总 计	**97490037**	**96704169**	**88049020**	**769970**	**4605700**	**103154**
南 京	15837309	15751318	14532609	69823	508131	19193
无 锡	2588155	2566245	2265925	7196	104164	3034
徐 州	1891299	1888796	1639793	37261	107284	802
常 州	1551643	1507683	1341002	8757	76387	2106
苏 州	9536428	9426338	8359157	24245	532244	17328
南 通	34650129	34622569	31997060	154931	1650570	15487
连云港	949200	906742	766644	30034	55520	678
淮 安	1777441	1773499	1540666	23081	88975	1102
盐 城	3023650	3007951	2688247	62875	141547	2510
扬 州	12925380	12682723	11487329	150233	697052	30631
镇 江	2334568	2320875	2117277	17479	85409	930
泰 州	8879447	8710831	7960789	132988	459717	7702
宿 迁	1545389	1538600	1352523	51066	98701	1650

2-B-2.69　各地区股份制总承包和专业承包企业费用情况

单位：万元

地　区	管理费用	销售费用	财务费用		
				#利息收入	#利息支出
总　计	**2602944**	**253130**	**621674**	**96339**	**565962**
南　京	495528	47934	128046	38941	149520
无　锡	164730	5629	16505	5303	18878
徐　州	90726	11004	4175	476	2450
常　州	67854	12268	1992	-824	6840
苏　州	435831	77080	39659	14334	37346
南　通	599542	28115	201690	15540	203139
连云港	52488	1933	7403	673	4320
淮　安	73480	18138	12062	765	4357
盐　城	89622	9843	19064	1516	15101
扬　州	294982	20184	106133	11475	79384
镇　江	75672	1398	22813	3140	16133
泰　州	135267	15774	56638	4310	23017
宿　迁	27225	3831	5496	692	5477

2-B-2.70 各地区股份制总承包和专业承包企业利润及税金情况

单位：万元

地 区	利润总额	税金总额		
			主营业务税金及附加	应交增值税
总 计	**4615391**	**3591333**	**769970**	**2821363**
南 京	503807	504346	69823	434523
无 锡	105164	66680	7196	59484
徐 州	107548	110178	37261	72917
常 州	77010	38011	8757	29254
苏 州	534224	192535	24245	168290
南 通	1661053	1291255	154931	1136323
连云港	55508	65270	30034	35236
淮 安	89201	77665	23081	54583
盐 城	140551	148821	62875	85946
扬 州	695743	526292	150233	376060
镇 江	86408	53771	17479	36292
泰 州	459717	409370	132988	276382
宿 迁	99457	107139	51066	56073

2-B-2.71　各地区股份制总承包和专业承包企业应收工程款及企业亏损情况

地　区	应收工程款（万元）	企业个数（个）	#亏损企业个数	亏损企业的比重（%）
总　计	**21917761**	**1327**	**69**	**5.2**
南　京	4088884	283	28	9.9
无　锡	888950	55	3	5.5
徐　州	384444	67	2	3.0
常　州	950459	49	2	4.1
苏　州	3749467	124	6	4.8
南　通	5605261	115	3	2.6
连云港	220607	58	3	5.2
淮　安	430683	63	0	0
盐　城	734769	156	8	5.1
扬　州	2308295	116	4	3.4
镇　江	973696	52	7	13.5
泰　州	1063822	111	0	0
宿　迁	518425	78	3	3.8

2-B-2.72 各地区股份制总承包和专业承包企业主要经济效益指标

地　区	产值利润率（%）	产值利税率（%）	资本利润率（%）	资本利税率（%）	人均利润（元/人）	人均利税（元/人）	资产负债率（%）
总　计	**4.0**	**7.1**	**51.3**	**91.2**	**17527**	**31165**	**63.8**
南　京	3.2	6.4	23.6	47.2	15205	30427	74.4
无　锡	4.2	6.9	29.6	48.4	25426	41547	76.3
徐　州	4.3	8.7	31.4	63.6	10844	21952	42.5
常　州	5.6	8.4	18.5	27.6	22470	33561	59.2
苏　州	5.1	7.0	45.5	61.9	25893	35225	67.8
南　通	3.9	7.0	136.4	242.4	19812	35213	62.3
连云港	5.4	11.7	24.3	52.9	12953	28184	48.6
淮　安	4.5	8.4	22.1	41.3	15864	29676	54.5
盐　城	3.9	8.1	26.2	54.0	10624	21873	47.0
扬　州	3.6	6.3	66.2	116.3	15972	28053	58.0
镇　江	3.9	6.3	27.7	44.9	22902	37153	73.2
泰　州	4.0	7.5	84.5	159.8	14741	27868	46.4
宿　迁	5.5	11.5	35.9	74.7	15094	31355	37.3

2-B-3.1　各行业总承包和专业承包企业签订合同情况

单位：万元

行　　业	合同总额	上年结转合同额	本年新签合同额
总计	**502458608**	**204811155**	**297647453**
房屋建筑业	369687140	155423209	214263930
住宅房屋建筑	328931831	139440412	189491418
体育场馆建筑	437192	170346	266846
其他房屋建筑业	40318118	15812451	24505666
土木工程建筑业	82759102	36243460	46515642
铁路、道路、隧道和桥梁工程建筑	57446395	25756351	31690044
水利和水运工程建筑	9202667	4442233	4760434
架线及设备工程建筑	3186737	580393	2606345
电力工程施工	3666010	2011056	1654955
海洋工程建筑	8000		8000
工矿工程建筑	1996738	1134227	862511
节能环保工程	145754	63491	82264
其他土木工程建筑	7106800	2255710	4851090
建筑安装业	27445301	7701888	19743413
电气安装	11846288	3089954	8756334
管道和设备安装	10122042	3491801	6630241
其他建筑安装	5476971	1120133	4356838
建筑装饰、装修和其他建筑业	22567065	5442597	17124468
建筑装饰和装修业	18163223	4270231	13892993
建筑物拆除和场地准备活动	886423	317115	569309
提供施工设备服务	114328	26204	88124
其他未列明建筑业	3403090	829048	2574042

2-B-3.2 各行业总承包和专业承包企业承包工程完成情况

单位：万元

行业	直接从建设单位承揽工程完成的产值	自行完成	分包出去	从建设单位以外承揽工程完成的产值
总计	**288923221**	**287596855**	**1326366**	**21950090**
房屋建筑业	216463258	216270921	192337	11287698
住宅房屋建筑	192877270	192730399	146871	9930829
体育场馆建筑	262900	262597	304	18201
其他房屋建筑业	23323088	23277926	45162	1338668
土木工程建筑业	39732279	38771354	960925	5156750
铁路、道路、隧道和桥梁工程建筑	25999583	25926423	73160	3888406
水利和水运工程建筑	4335184	4329585	5599	168416
架线及设备工程建筑	2675708	2059008	616700	188061
电力工程施工	1637320	1397475	239846	34135
海洋工程建筑	5636	5636		
工矿工程建筑	1046115	1044394	1720	157733
节能环保工程	96623	96523	100	7081
其他土木工程建筑	3936110	3912310	23800	712920
建筑安装业	16692860	16628774	64086	3416094
电气安装	8281019	8229349	51670	1479512
管道和设备安装	4616114	4611198	4917	940099
其他建筑安装	3795726	3788227	7499	996482
建筑装饰、装修和其他建筑业	16034825	15925806	109019	2089548
建筑装饰和装修业	13148406	13106330	42077	1367196
建筑物拆除和场地准备活动	587339	542687	44652	340680
提供施工设备服务	52438	52435	3	73840
其他未列明建筑业	2246642	2224355	22287	307832

2-B-3.3　各行业总承包和专业承包企业建筑业总产值和竣工产值

单位：万元

行　　业	建筑业总产值	#装饰装修产值	#在外省完的产值	按构成分组 建筑工程产值	安装工程产值	其他产值	竣工产值
总计	**309546945**	**17376348**	**143212046**	**288940776**	**18122881**	**2483288**	**228563391**
房屋建筑业	227558619	3744313	112545335	222209751	3644057	1704811	170505184
住宅房屋建筑	202661228	3198109	102598589	198372348	2885718	1403162	153205871
体育场馆建筑	280797	1673	71665	274511	5867	420	229312
其他房屋建筑业	24616594	544532	9875081	23562892	752473	301229	17070001
土木工程建筑业	43928104	168681	13897292	41602230	1748016	577859	27128077
铁路、道路、隧道和桥梁工程建筑	29814829	95884	9574861	29455271	194037	165521	18327116
水利和水运工程建筑	4498001	21978	1015053	4268150	154816	75036	2977894
架线及设备工程建筑	2247069	4289	198756	1535335	694522	17213	2089019
电力工程施工	1431609		623229	993374	354485	83751	722734
海洋工程建筑	5636		5636	5636			5636
工矿工程建筑	1202127	141	827527	883465	252454	66208	392430
节能环保工程	103605		48221	41858	28678	33069	47502
其他土木工程建筑	4625230	46389	1604009	4419143	69025	137062	2565748
建筑安装业	20044868	201712	9355666	8029377	11933008	82482	15777299
电气安装	9708862	61585	4042502	4249808	5420630	38424	7631712
管道和设备安装	5551297	89784	3326451	1466812	4055722	28763	4293849
其他建筑安装	4784709	50343	1986713	2312757	2456657	15295	3851738
建筑装饰、装修和其他建筑业	18015354	13261642	7413753	17099419	797799	118136	15152832
建筑装饰和装修业	14473526	13222316	6290764	14056847	368044	48635	12665871
建筑物拆除和场地准备活动	883366	11818	268139	845393	4334	33640	587782
提供施工设备服务	126275	144	61869	90096	31028	5151	64594
其他未列明建筑业	2532187	27363	792982	2107083	394393	30711	1834585

2-B-3.4 各行业总承包和专业承包企业房屋建筑面积

行业	房屋建筑施工面积（万平方米）	#本年新开工	房屋建筑竣工面积（万平方米）	房屋建筑面积竣工率（%）
总计	**249419.7**	**94270.4**	**75895.2**	**30.4**
房屋建筑业	241601.8	91443.9	72899.3	95.2
住宅房屋建筑	217744.1	82770.3	66388.7	30.5
体育场馆建筑	288.4	125.5	108.3	37.5
其他房屋建筑业	23569.3	8548.0	6402.4	27.2
土木工程建筑业	4224.9	1448.6	1983.5	212.7
铁路、道路、隧道和桥梁工程建筑	2484.5	758.6	1664.3	67.0
水利和水运工程建筑	785.6	276.0	40.2	5.1
架线及设备工程建筑	13.6	8.9	5.4	39.6
电力工程施工	128.1	67.2	43.5	34.0
海洋工程建筑				
工矿工程建筑	76.0	16.8	30.3	39.9
节能环保工程				
其他土木工程建筑	737.2	321.1	199.8	27.1
建筑安装业	2801.9	1026.9	864.5	97.2
电气安装	1737.7	610.6	477.1	27.5
管道和设备安装	180.9	40.4	58.8	32.5
其他建筑安装	883.3	375.9	328.7	37.2
建筑装饰、装修和其他建筑业	791.1	351.0	147.8	110.2
建筑装饰和装修业	60.1	34.7	32.6	54.2
建筑物拆除和场地准备活动	155.9	98.2	36.6	23.5
提供施工设备服务	18.4	17.3	3.5	19.0
其他未列明建筑业	556.7	200.7	75.2	13.5

2-B-3.5　各行业总承包和专业承包企业机械设备情况

行　　业	年末自有施工机械设备总台数（台）	年末自有施工机械设备总功率（千瓦）	年末自有施工机械设备净值（万元）	技术装备率（元/人）	动力装备率（千瓦/人）
总计	**1355826**	**39034543**	**8004105**	**10062**	**4.9**
房屋建筑业	934470	26608318	5195603	25220	10.8
住宅房屋建筑	844561	24226303	4769543	8566	4.4
体育场馆建筑	3032	36736	12989	10720	3.0
其他房屋建筑业	86877	2345279	413071	5935	3.4
土木工程建筑业	203063	8531185	2062786	141790	86.0
铁路、道路、隧道和桥梁工程建筑	107486	5574749	1482735	25857	9.7
水利和水运工程建筑	34893	1209571	296101	25778	10.5
架线及设备工程建筑	17545	270422	62339	16638	7.2
电力工程施工	9782	119634	28311	17487	7.4
海洋工程建筑					
工矿工程建筑	20751	665311	79443	34357	28.8
节能环保工程	352	24786	1685	10770	15.8
其他土木工程建筑	12254	666712	112172	10902	6.5
建筑安装业	148308	2424374	401328	31037	17.5
电气安装	60406	1030153	160584	9071	5.8
管道和设备安装	44508	384190	103385	12222	4.5
其他建筑安装	43394	1010031	137360	9745	7.2
建筑装饰、装修和其他建筑业	69985	1470666	344388	151089	42.7
建筑装饰和装修业	55169	879761	170236	5391	2.8
建筑物拆除和场地准备活动	2377	111432	46314	20609	5.0
提供施工设备服务	1829	160149	61384	114479	29.9
其他未列明建筑业	10610	319324	66455	10609	5.1

2-B-3.6 按主要用途分的各行业总承包和专业承包企业房屋建筑竣工面积

单位：平方米

行业	合计	住宅房屋	商业及服务用房屋	办公室用房	科研、教育和医疗用房屋	文化、体育和娱乐用房屋	厂房及建筑物	仓库	其他未列明的房屋建筑物
总计	**758952093**	**550283497**	**28839979**	**30100506**	**21640977**	**7381264**	**104281190**	**6739976**	**9684704**
房屋建筑业	728993289	537601616	28017370	25301158	20754876	7229217	94454704	6250597	9383751
住宅房屋建筑	663886537	491063886	25696919	21965589	19094103	7031876	84948746	5556264	8529154
体育场馆建筑	1082646	529316	150000	72272	129197	1500	183921	10842	5598
其他房屋建筑业	64024106	46008414	2170451	3263297	1531576	195841	9322037	683491	848999
土木工程建筑业	19835411	7076246	311443	4366363	597076	13588	7171933	155757	143005
铁路、道路、隧道和桥梁工程建筑	16642862	5455395	189257	4088064	427376	3198	6211127	140988	127457
水利和水运工程建筑	402390	219794	1268	56780			123606		942
架线及设备工程建筑	53899	12940		1740	5792		33351		76
电力工程施工	435197						435197		
海洋工程建筑									
工矿工程建筑	303238	228676					71362	3200	
节能环保工程									
其他土木工程建筑	1997825	1159441	120918	219779	163908	10390	297290	11569	14530
建筑安装业	8645007	4948146	457896	363879	218623	124259	2144993	313103	74108
电气安装	4770512	2843532	266974	151173	122639	111379	1004440	257635	12740
管道和设备安装	587708	332221	15663	54079			115781	49550	20414
其他建筑安装	3286787	1772393	175259	158627	95984	12880	1024772	5918	40954
建筑装饰、装修和其他建筑业	1478386	657489	53270	69106	70402	14200	509560	20519	83840
建筑装饰和装修业	326061	206660	21554	6484	4862	13670	71784		1047
建筑物拆除和场地准备活动	365708	231222		100	15412		112794		6180
提供施工设备服务	34926	15435			4405		1586		13500
其他未列明建筑业	751691	204172	31716	62522	45723	530	323396	20519	63113

2-B-3.7　按主要用途分的各行业总承包和专业承包企业房屋建筑竣工价值

单位：万元

行　业	合计	住宅房屋	商业及服务用房屋	办公室用房	科研、教育和医疗用房屋	文化、体育和娱乐用房屋	厂房及建筑物	仓库	其他未列明的房屋建筑物
总计	**147377109**	**106859201**	**5801110**	**6661990**	**5259121**	**1687236**	**17704708**	**1223021**	**2180722**
房屋建筑业	143468457	104820580	5624466	6313555	5082565	1660291	16678235	1160165	2128600
住宅房屋建筑	130884281	96128833	5117515	5439061	4718695	1608673	14907770	1038770	1924965
体育场馆建筑	188613	89232	30000	8833	29616	298	26333	1441	2861
其他房屋建筑业	12395563	8602516	476951	865661	334255	51320	1744132	119955	200774
土木工程建筑业	2064286	984254	88487	259609	121554	3248	564516	18266	24351
铁路、道路、隧道和桥梁工程建筑	1523660	700268	65815	222059	100573	704	397053	16189	21000
水利和水运工程建筑	77699	47783	454	11547			17634		282
架线及设备工程建筑	12223	3877			1420		6395		20
电力工程施工	93683						93683		
海洋工程建筑									
工矿工程建筑	50390	42468					7602	320	
节能环保工程									
其他土木工程建筑	306631	189859	22218	25492	19561	2544	42150	1757	3050
建筑安装业	1646280	970007	79942	80244	45011	22124	390315	41476	17161
电气安装	944306	548456	46631	40673	23403	19392	229056	36224	472
管道和设备安装	96936	58401	3271	8312			18215	3473	5265
其他建筑安装	605038	363150	30040	31260	21609	2732	143043	1779	11424
建筑装饰、装修和其他建筑业	198087	84360	8215	8582	9991	1573	71642	3115	10611
建筑装饰和装修业	64298	45279	3765	1772	764	1504	10916		300
建筑物拆除和场地准备活动	34609	12841		24	1501		19516		728
提供施工设备服务	4437	1211			1101		397		1728
其他未列明建筑业	94742	25030	4450	6785	6625	69	40813	3115	7855

2-B-3.8 按主要用途分的各行业总承包和专业承包企业主要生产效益指标

行　　业	建筑业企业个数（个）	从事建筑业活动的平均人数（人）	按总产值计算的劳动生产率（元/人）	人均竣工产值（元/人）	人均施工面积（平方米/人）	人均竣工面积（平方米/人）
总计	**9310**	**8851671**	**349704.5**	**258215**	**281.8**	**85.7**
房屋建筑业	3851	6712960	890622.8	666647	908.3	282.9
住宅房屋建筑	3274	5941878	341072.7	257841	366.5	111.7
体育场馆建筑	21	12477	225051.9	183788	231.2	86.8
其他房屋建筑业	556	758605	324498.2	225018	310.7	84.4
土木工程建筑业	2287	1048280	3157188.0	1938896	229.6	72.1
铁路、道路、隧道和桥梁工程建筑	1388	666378	447416.2	275026	37.3	25.0
水利和水运工程建筑	211	137313	327572.8	216869	57.2	2.9
架线及设备工程建筑	211	51043	440230.6	409266	2.7	1.1
电力工程施工	40	26477	540699.1	272967	48.4	16.4
海洋工程建筑	1	197	286066.0	286066		
工矿工程建筑	42	24541	489844.3	159908	31.0	12.4
节能环保工程	23	3547	292090.8	133920		
其他土木工程建筑	371	138784	333268.2	184873	53.1	14.4
建筑安装业	1460	544142	1113465.6	875193	136.5	43.4
电气安装	591	252240	384905.7	302558	68.9	18.9
管道和设备安装	307	126243	439731.1	340126	14.3	4.7
其他建筑安装	562	165659	288828.8	232510	53.3	19.8
建筑装饰、装修和其他建筑业	1712	546289	1269173.1	900615	177.2	32.6
建筑装饰和装修业	1212	446566	324107.2	283628	1.3	0.7
建筑物拆除和场地准备活动	118	24189	365193.4	242996	64.5	15.1
提供施工设备服务	50	5830	216595.4	110795	31.5	6.0
其他未列明建筑业	332	69704	363277.1	263197	79.9	10.8

2-B-3.9　按主要用途分的各行业总承包和专业承包企业营业额

单位：万元

行　　业	企业营业额	#在境外完成的营业额	企业总产值	#建筑业总产值
总计	**257786987**	**4710675**	**327268032**	**309546945**
房屋建筑业	177656791	2837027	240034681	227558619
住宅房屋建筑	154658140	2677747	214134104	202661228
体育场馆建筑	253995		285432	280797
其他房屋建筑业	22744657	159281	25615146	24616594
土木工程建筑业	43576477	1265297	48084000	43928104
铁路、道路、隧道和桥梁工程建筑	27364707	855799	32362437	29814829
水利和水运工程建筑	5053743	60286	5240317	4498001
架线及设备工程建筑	3188124	126314	2704894	2247069
电力工程施工	1757064	58166	1536170	1431609
海洋工程建筑	5636		5636	5636
工矿工程建筑	1327981	149661	1382072	1202127
节能环保工程	129830		107005	103605
其他土木工程建筑	4749392	15073	4745470	4625230
建筑安装业	19720814	436470	20650892	20044868
电气安装	8993952	101764	9992884	9708862
管道和设备安装	5947928	143588	5805461	5551297
其他建筑安装	4778934	191118	4852547	4784709
建筑装饰、装修和其他建筑业	16832905	171881	18498459	18015354
建筑装饰和装修业	13360962	159741	14848992	14473526
建筑物拆除和场地准备活动	877065	485	907990	883366
提供施工设备服务	146384		134123	126275
其他未列明建筑业	2448494	11655	2607353	2532187

2-B-3.10　各行业总承包和专业承包企业资产构成

单位：万元

行　业	资产合计	#流动资产合计	#存货
总计	**207319041**	**173185868**	**41198185**
房屋建筑业	119195581	100882951	28246879
住宅房屋建筑	101698895	85987939	23956801
体育场馆建筑	312386	266675	115232
其他房屋建筑业	17184300	14628337	4174846
土木工程建筑业	54961310	44243178	8312726
铁路、道路、隧道和桥梁工程建筑	34813503	28160448	5160531
水利和水运工程建筑	6043056	4936958	729706
架线及设备工程建筑	4105430	3562662	743031
电力工程施工	1478692	1290206	193081
海洋工程建筑	163733	37963	499
工矿工程建筑	2450998	1905123	390243
节能环保工程	633577	294059	86705
其他土木工程建筑	5272321	4055759	1008930
建筑安装业	17191654	14616720	2748741
电气安装	7964650	6875716	1448750
管道和设备安装	5298888	4446783	769017
其他建筑安装	3928117	3294221	530974
建筑装饰、装修和其他建筑业	15970496	13443019	1889840
建筑装饰和装修业	12464452	10549439	1448061
建筑物拆除和场地准备活动	736222	623364	109066
提供施工设备服务	262219	162305	21817
其他未列明建筑业	2507602	2107911	310897

2-B-3.11　各行业总承包和专业承包企业固定资产情况

单位：万元

行　　业	固定资产原价	累计折旧	#本年折旧	在建工程
总计	**23714741**	**9888900**	**1434681**	**1448506**
房屋建筑业	12673883	4726582	696732	741576
住宅房屋建筑	11004785	4089932	622878	617284
体育场馆建筑	32275	13423	2257	29340
其他房屋建筑业	1636823	623226	71598	94952
土木工程建筑业	7525049	3696343	507175	540898
铁路、道路、隧道和桥梁工程建筑	4867380	2446304	316370	383926
水利和水运工程建筑	913064	426328	48809	47499
架线及设备工程建筑	526982	280177	73106	21362
电力工程施工	145548	82361	8824	2948
海洋工程建筑	148132	29826	3244	7464
工矿工程建筑	368016	195806	19738	65671
节能环保工程	43460	7588	2355	1
其他土木工程建筑	512468	227953	34729	12027
建筑安装业	1877120	803641	125968	39675
电气安装	864934	365147	58401	19726
管道和设备安装	492444	208003	31635	12353
其他建筑安装	519742	230491	35932	7597
建筑装饰、装修和其他建筑业	1638689	662335	104806	126357
建筑装饰和装修业	1008944	359586	61157	100788
建筑物拆除和场地准备活动	156264	77350	12668	2820
提供施工设备服务	139844	70773	10829	10861
其他未列明建筑业	333638	154627	20153	11887

2-B-3.12 各行业总承包和专业承包企业负债及所有者权益

单位：万元

行业	负债合计	#流动负债	#应付账款	所有者权益	#实收资本
总计	**118739537**	**109461319**	**42738409**	**88579503**	**35518037**
房屋建筑业	66173094	61091209	22414948	53022487	19289505
住宅房屋建筑	56634601	52576930	19594617	45064295	16867232
体育场馆建筑	198755	195607	142409	113630	53487
其他房屋建筑业	9339738	8318672	2677922	7844562	2368786
土木工程建筑业	33667421	29969721	12367500	21293889	10096773
铁路、道路、隧道和桥梁工程建筑	20873198	18353783	7343805	13940305	6942258
水利和水运工程建筑	3994992	3624118	1269029	2048063	867505
架线及设备工程建筑	2528977	2340825	928593	1576453	622784
电力工程施工	1158203	1114483	733977	320489	123290
海洋工程建筑	198858	177427	674	-35125	12000
工矿工程建筑	1512394	1395710	720296	938604	323177
节能环保工程	255061	185562	51052	378517	124033
其他土木工程建筑	3145738	2777813	1320074	2126583	1081726
建筑安装业	10097191	9906211	3754756	7094464	3100084
电气安装	4776739	4689260	1928198	3187911	1338637
管道和设备安装	3315551	3240666	1115430	1983336	838184
其他建筑安装	2004900	1976285	711128	1923217	923262
建筑装饰、装修和其他建筑业	8801832	8494179	4201205	7168664	3031676
建筑装饰和装修业	6906607	6702635	3442262	5557845	2136198
建筑物拆除和场地准备活动	420181	416742	171936	316041	182845
提供施工设备服务	154343	115776	28731	107877	76520
其他未列明建筑业	1320701	1259026	558275	1186901	636113

2-B-3.13 各行业总承包和专业承包企业实收资本

单位：万元

行业	合计	国家资本	集体资本	法人资本	个人资本	港澳台资本	外商资本
总计	**35518037**	**2805393**	**741907**	**10741793**	**20898676**	**117626**	**212643**
房屋建筑业	19289505	802944	120628	5572077	12704765	55134	33957
住宅房屋建筑	16867232	786645	100628	4775372	11126782	52650	25157
体育场馆建筑	53487			5663	47824		
其他房屋建筑业	2368786	16299	20001	791043	1530159	2485	8800
土木工程建筑业	10096773	1820163	368504	3066968	4791025	14584	35530
铁路、道路、隧道和桥梁工程建筑	6942258	1056248	219779	2124254	3523705	9728	8544
水利和水运工程建筑	867505	332725	18054	218333	296978	1306	108
架线及设备工程建筑	622784	168433	112595	188439	149346	3550	420
电力工程施工	123290	26000	230	44017	48115		4928
海洋工程建筑	12000			12000			
工矿工程建筑	323177	169471	696	86816	51577		14617
节能环保工程	124033	11731		94486	17816		
其他土木工程建筑	1081726	55554	17149	298623	703488		6913
建筑安装业	3100084	111305	194783	1118230	1606639	32551	36576
电气安装	1338637	57129	166897	403182	673485	20808	17136
管道和设备安装	838184	36067	13648	403947	374592	5736	4194
其他建筑安装	923262	18108	14238	311101	558562	6006	15247
建筑装饰、装修和其他建筑业	3031676	70981	57992	984518	1796247	15357	106580
建筑装饰和装修业	2136198	5359	29898	743752	1276789	15357	65043
建筑物拆除和场地准备活动	182845	29372	735	29967	122771		
提供施工设备服务	76520			14973	25010		36538
其他未列明建筑业	636113	36250	27359	195826	371678		5000

2-B-3.14 各行业总承包和专业承包企业收入情况

单位：万元

行业	营业收入	主营业务收入	#主营业务成本	#主营业务税金及附加	营业利润	#其他业务利润
总计	**257786987**	**256163448**	**231065512**	**3357526**	**11592225**	**201250**
房屋建筑业	177656791	176632462	161172934	2509485	7517417	110221
住宅房屋建筑	154658140	153700258	140198003	2233481	6480987	86738
体育场馆建筑	253995	250693	229787	2988	11268	1040
其他房屋建筑业	22744657	22681511	20745144	273016	1025162	22443
土木工程建筑业	43576477	43287155	38158775	510193	2218369	34279
铁路、道路、隧道和桥梁工程建筑	27364707	27240975	23973910	344454	1469507	18805
水利和水运工程建筑	5053743	5006304	4467029	63387	241743	4013
架线及设备工程建筑	3188124	3143693	2652680	22051	199898	7998
电力工程施工	1757064	1735881	1559690	27636	80919	713
海洋工程建筑	5636	5636	8024	15	-6682	
工矿工程建筑	1327981	1315993	1200363	8589	22352	1200
节能环保工程	129830	108153	95213	1166	8669	41
其他土木工程建筑	4749392	4730519	4201866	42894	201963	1509
建筑安装业	19720814	19501574	17344908	170683	885007	34886
电气安装	8993952	8890132	7967029	64702	412746	21519
管道和设备安装	5947928	5903449	5269559	46067	248341	5372
其他建筑安装	4778934	4707993	4108320	59914	223920	7995
建筑装饰、装修和其他建筑业	16832905	16742257	14388896	167166	971433	21864
建筑装饰和装修业	13360962	13300026	11398855	125561	806216	13974
建筑物拆除和场地准备活动	877065	874678	773260	10064	36167	1121
提供施工设备服务	146384	145999	119858	1514	8833	
其他未列明建筑业	2448494	2421554	2096923	30028	120217	6769

2-B-3.15　各行业总承包和专业承包企业费用情况

单位：万元

地　区	管理费用	销售费用	财务费用	#利息收入	#利息支出
总计	**7573206**	**1085696**	**1650445**	**193684**	**1193746**
房屋建筑业	3843732	527720	1143878	110728	772633
住宅房屋建筑	3441654	465777	963383	82305	615918
体育场馆建筑	6600	377	871	3	573
其他房屋建筑业	395479	61566	179624	28420	156143
土木工程建筑业	1889429	218067	355036	55656	301350
铁路、道路、隧道和桥梁工程建筑	1063656	131276	265509	16375	214095
水利和水运工程建筑	189900	29460	33175	15419	33286
架线及设备工程建筑	257204	26773	-11839	10103	3891
电力工程施工	56216	3151	11844	1862	11243
海洋工程建筑	2137	309	1832		
工矿工程建筑	90155	5307	11088	2412	10741
节能环保工程	14451	2926	3815	3687	930
其他土木工程建筑	215710	18866	39611	5797	27164
建筑安装业	915753	120070	57910	15639	54484
电气安装	405453	40688	13020	9941	21854
管道和设备安装	277501	40175	26164	4990	20041
其他建筑安装	232799	39207	18725	708	12589
建筑装饰、装修和其他建筑业	924291	219839	93622	11661	65279
建筑装饰和装修业	696211	189106	70171	11217	49398
建筑物拆除和场地准备活动	40550	8255	8013	259	6107
提供施工设备服务	10423	1838	3698	21	1420
其他未列明建筑业	177106	20640	11740	164	8354

2-B-3.16 各行业总承包和专业承包企业利润及税金情况

单位：万元

行业	利润总额	税金总额	主营业务税金及附加	应交增值税
总计	**11617738**	**11224497**	**3357526**	**7866971**
房屋建筑业	7538039	8183232	2509485	5673747
住宅房屋建筑	6498801	7103311	2233481	4869830
体育场馆建筑	10986	8681	2988	5694
其他房屋建筑业	1028252	1071240	273016	798224
土木工程建筑业	2213252	1687732	510193	1177539
铁路、道路、隧道和桥梁工程建筑	1463479	1069183	344454	724729
水利和水运工程建筑	240786	196383	63387	132995
架线及设备工程建筑	199140	99669	22051	77617
电力工程施工	81205	67093	27636	39457
海洋工程建筑	-6590	74	15	59
工矿工程建筑	21802	67920	8589	59331
节能环保工程	8747	5203	1166	4037
其他土木工程建筑	204682	182207	42894	139313
建筑安装业	891696	718585	170683	547903
电气安装	419180	322840	64702	258139
管道和设备安装	246400	187551	46067	141483
其他建筑安装	226115	208194	59914	148281
建筑装饰、装修和其他建筑业	974751	634949	167166	467782
建筑装饰和装修业	805666	492681	125561	367121
建筑物拆除和场地准备活动	35854	30963	10064	20900
提供施工设备服务	8872	5106	1514	3592
其他未列明建筑业	124358	106198	30028	76170

2-B-3.17 各行业总承包和专业承包企业应收工程款及企业亏损情况

行 业	应收工程款（万元）	企业个数（个）		亏损企业的比重（%）
			#亏损企业个数	
总计	**61372665**	**9310**	**544**	**5.8**
房屋建筑业	35137774	3851	182	21.1
住宅房屋建筑	30595107	3274	139	4.2
体育场馆建筑	90371	21	2	9.5
其他房屋建筑业	4452296	556	41	7.4
土木工程建筑业	14824168	2287	119	149.9
铁路、道路、隧道和桥梁工程建筑	9416976	1388	58	4.2
水利和水运工程建筑	1634116	211	10	4.7
架线及设备工程建筑	889671	211	11	5.2
电力工程施工	513662	40	2	5.0
海洋工程建筑	6710	1	1	100.0
工矿工程建筑	665239	42	6	14.3
节能环保工程	88847	23	2	8.7
其他土木工程建筑	1608948	371	29	7.8
建筑安装业	4780979	1460	105	21.6
电气安装	2012052	591	38	6.4
管道和设备安装	1462380	307	22	7.2
其他建筑安装	1306547	562	45	8.0
建筑装饰、装修和其他建筑业	6629746	1712	138	35.1
建筑装饰和装修业	5464974	1212	93	7.7
建筑物拆除和场地准备活动	280473	118	13	11.0
提供施工设备服务	64802	50	4	8.0
其他未列明建筑业	819497	332	28	8.4

2-B-3.18 各行业总承包和专业承包企业主要经济效益指标

行业	产值利润率（%）	产值利税率（%）	资本利润率（%）	资本利税率（%）	人均利润（元/人）	人均利税（元/人）	资本负债率（%）
总计	**3.8**	**7.4**	**32.7**	**64.3**	**13125**	**25806**	**57.3**
房屋建筑业	11.3	22.2	102.5	206.0	33297	66331	173.7
住宅房屋建筑	3.2	6.7	38.5	80.6	10937	22892	55.7
体育场馆建筑	3.9	7.0	20.5	36.8	8805	15763	63.6
其他房屋建筑业	4.2	8.5	43.4	88.6	13555	27676	54.4
土木工程建筑业	-77.5	-44.4	124.5	275.6	-177033	-42570	549.1
铁路、道路、隧道和桥梁工程建筑	4.9	8.5	21.1	36.5	21962	38006	60.0
水利和水运工程建筑	5.4	9.7	27.8	50.4	17536	31837	66.1
架线及设备工程建筑	8.9	13.3	32.0	48.0	39014	58541	61.6
电力工程施工	5.7	10.4	65.9	120.3	30670	56010	78.3
海洋工程建筑	-116.9	-115.6	-54.9	-54.3	-334508	-330731	121.5
工矿工程建筑	1.8	7.5	6.7	27.8	8884	36560	61.7
节能环保工程	8.4	13.5	7.1	11.2	24661	39330	40.3
其他土木工程建筑	4.4	8.4	18.9	35.8	14748	27877	59.7
建筑安装业	13.5	24.5	85.2	154.2	49786	90009	173.6
电气安装	4.3	7.6	31.3	55.4	16618	29417	60.0
管道和设备安装	4.4	7.8	29.4	51.8	19518	34374	62.6
其他建筑安装	4.7	9.1	24.5	47.0	13649	26217	51.0
建筑装饰、装修和其他建筑业	21.6	36.7	88.5	151.8	65923	113750	224.0
建筑装饰和装修业	5.6	9.0	37.7	60.8	18041	29074	55.4
建筑物拆除和场地准备活动	4.1	7.6	19.6	36.5	14823	27623	57.1
提供施工设备服务	7.0	11.1	11.6	18.3	15219	23977	58.9
其他未列明建筑业	4.9	9.1	19.5	36.2	17841	33076	52.7

C.总承包建筑业企业生产经营及财务状况

2-C-1　各地区总承包企业签订合同情况

单位：万元

地　区	合同总额		
		上年结转合同额	本年新签合同额
总　计	**458997923**	**191569122**	**267428801**
南　京	70234780	30791012	39443768
无　锡	13671079	5596617	8074462
徐　州	20271613	7003578	13268035
常　州	22656448	8091631	14564817
苏　州	35930822	15781526	20149296
南　通	123958719	57276237	66682482
连云港	9595983	3222299	6373685
淮　安	16652598	5773050	10879547
盐　城	24243230	8357475	15885754
扬　州	54746051	23887755	30858296
镇　江	9484625	4650797	4833827
泰　州	46541921	16734126	29807796
宿　迁	11010056	4403019	6607037

2-C-2　各地区总承包企业承包工程完成情况

单位：万元

地　区	直接从建设单位承揽工程完成的产值			从建设单位以外承揽工程完成的产值
		自行完成施工产值	分包出去工程的产值	
总　计	**262718089**	**261574585**	**1143504**	**16359882**
南　京	30334859	29465934	868926	2314400
无　锡	6608958	6586513	22445	867306
徐　州	13664495	13656279	8216	508379
常　州	13422208	13392278	29930	742292
苏　州	16027371	15926140	101232	725008
南　通	75128216	75088938	39278	4617865
连云港	6401168	6396178	4990	202034
淮　安	11435021	11431938	3083	600446
盐　城	15673605	15650333	23272	790998
扬　州	33724599	33722385	2214	2780792
镇　江	4156406	4140868	15538	232266
泰　州	29960174	29937805	22369	1859823
宿　迁	6181009	6178996	2013	118274

2-C-3 各地区总承包企业建筑业总产值和竣工产值

单位：万元

地 区	建筑业总产值	#装饰装修产值	#在外省完成的产值	按构成分组			竣工产值
				建筑工程产值	安装工程产值	其他产值	
总 计	**277934466**	**3691238**	**130790199**	**263391644**	**12367939**	**2174883**	**203948995**
南 京	31780334	322360	11136768	28616751	2601243	562339	20110928
无 锡	7453819	120864	2673653	6161596	1264764	27459	4943877
徐 州	14164658	99981	4700107	13720608	385786	58265	10702331
常 州	14134570	292273	5145822	11718877	2300716	114976	11502093
苏 州	16651148	215372	3917679	15697179	810436	143533	9861468
南 通	79706804	1321022	49785166	77149704	1940945	616155	54784005
连云港	6598211	50880	2361079	6389819	129528	78864	5167791
淮 安	12032385	111055	3037232	11786274	188588	57523	9722353
盐 城	16441331	170645	7186118	16131647	127349	182335	13214155
扬 州	36503177	632496	20926435	34839593	1584423	79161	30273646
镇 江	4373133	36214	991313	3874029	378813	120292	2706440
泰 州	31797628	216747	16552118	31183783	541780	72064	25515822
宿 迁	6297270	101329	2376709	6121785	113567	61918	5444087

2-C-4 各地区总承包企业房屋建筑面积

地区	房屋建筑施工面积（平方米）	#本年新开工	房屋建筑竣工面积（平方米）	房屋建筑面积竣工率（%）
总计	**2475145921**	**933860561**	**755311883**	**30.5**
南京	267912816	87738696	61457535	22.9
无锡	37901726	15899918	11971232	31.6
徐州	107984017	46237282	40105960	37.1
常州	109036789	44725414	32116738	29.5
苏州	103745514	40396666	27547381	26.6
南通	873081240	294918228	212966236	24.4
连云港	58897806	29135577	24646006	41.8
淮安	125302430	40016526	39055322	31.2
盐城	115781155	49140974	47542061	41.1
扬州	285053804	121553847	106750602	37.4
镇江	19102262	6859705	5663473	29.6
泰州	315311290	133551790	121447254	38.5
宿迁	56035072	23685938	24042083	42.9

2-C-5 各地区按主要用途分的总承包企业房屋建筑竣工面积

单位：平方米

地区	合计	住宅用房	商业及服务用房屋	办公用房屋	科研、教育和医疗用房屋	文化、体育和娱乐用房屋	厂房及建筑物	仓库	其他未列明的房屋建筑物
总计	**755311883**	**548568968**	**28657800**	**29812959**	**21456601**	**7259004**	**103196099**	**6704269**	**9656183**
南京	61457535	42232979	3697533	3586865	2318316	767242	7479167	529054	846379
无锡	11971232	6364413	378324	451936	519052	45466	3730612	62867	418562
徐州	40105960	28045157	1961264	1156603	1752404	595998	5834659	437832	322043
常州	32116738	20683035	613653	856428	1768740	162874	7269799	571806	190403
苏州	27547381	12580249	1408035	1647081	2169438	511469	8031567	533968	665574
南通	212966236	163167168	9375490	6800528	4703406	2222345	21538852	2521651	2636796
连云港	24646006	20040660	532445	902104	721006	28293	2040475	167829	213194
淮安	39055322	32062320	678408	1032106	435850	196036	4220056	219244	211302
盐城	47542061	32338009	972981	1292075	1021664	182798	10348918	200071	1185545
扬州	106750602	83834550	3460176	4087522	3232879	1311741	9416358	235012	1172364
镇江	5663473	2927407	375101	145537	483195	9980	1579692	104870	37691
泰州	121447254	87623155	3375060	7124810	1633409	1003961	18233723	1009771	1443365
宿迁	24042083	16669866	1829330	729364	697242	220801	3472221	110294	312965

2-C-6 各地区按主要用途分的总承包企业房屋建筑竣工价值

单位：万元

地区	合计	住宅用房	商业及服务用房屋	办公用房屋	科研、教育和医疗用房屋	文化、体育和娱乐用房屋	厂房及建筑物	仓库	其他未列明的房屋建筑物
总 计	**146884480**	**106618530**	**5774328**	**6638530**	**5238231**	**1661362**	**17558337**	**1218059**	**2177104**
南 京	12723253	7965376	830205	911822	678824	274925	1775815	71355	214932
无 锡	1984204	1042799	68432	87815	134715	10130	530281	7829	102203
徐 州	6835078	4943870	295407	224807	305796	101046	850077	66837	47238
常 州	5560076	3495518	122911	205919	465013	35184	1151946	42537	41048
苏 州	5423660	2612346	391651	323053	543844	154569	1158080	72874	167243
南 通	46259472	35307653	1899862	1941502	1114659	401435	4222205	601859	770297
连云港	4074736	3298958	72122	154595	142115	6300	323404	33714	43529
淮 安	6754595	5570887	142658	250821	72066	37596	601567	32792	46209
盐 城	8950455	6187161	161557	218979	239361	43742	1882600	35358	181696
扬 州	23789789	18143882	843918	1322987	953554	326417	1851597	69093	278343
镇 江	963036	454500	70626	30905	107995	2144	262259	27638	6969
泰 州	19991091	15253124	547635	821628	326807	241631	2432123	144835	223308
宿 迁	3575037	2342457	327344	143696	153481	26245	516384	11338	54092

2-C-7　各地区总承包企业施工机械设备情况

地　区	年末自有施工机械设备总台数（台）	年末自有施工机械设备总功率（千瓦）	年末自有施工机械设备净值（万元）	技术装备率（元/人）	动力装备率（千瓦/人）
总　计	**1181136**	**35410850**	**6983228**	**9705**	**4.9**
南　京	118643	3698687	677309	9618	5.3
无　锡	43691	1176715	225947	14348	7.5
徐　州	105772	3037773	516674	10820	6.4
常　州	67977	1601068	306905	7362	3.8
苏　州	57899	1419736	307483	8866	4.1
南　通	293058	9022514	1868327	11371	5.5
连云港	51851	812274	188339	7636	3.3
淮　安	43048	1234639	360583	8396	2.9
盐　城	86415	1933806	510888	10521	4.0
扬　州	154713	6608693	996213	12196	8.1
镇　江	18401	588828	142273	13776	5.7
泰　州	106388	3267847	659808	6047	3.0
宿　迁	33280	1008270	222480	8047	3.6

2-C-8 各地区总承包企业主要生产效益指标

地 区	建筑业企业个数（个）	直接从事生产经营活动的平均人数（人）	按总产值计算的劳动生产率（元/人）	人均竣工产值（元/人）	人均施工面积（平方米/人）	人均竣工面积（平方米/人）
总 计	**5676**	**7846975**	**354193**	**259908**	**315.4**	**96.3**
南 京	780	880532	360922	228395	304.3	69.8
无 锡	316	170730	436585	289573	222	70.1
徐 州	385	559401	253211	191318	193	71.7
常 州	387	424189	333214	271155	257	75.7
苏 州	642	412908	403265	238830	251.3	66.7
南 通	642	1770688	450146	309394	493.1	120.3
连云港	201	278010	237337	185885	211.9	88.7
淮 安	345	545239	220681	178314	229.8	71.6
盐 城	546	587798	279711	224808	197	80.9
扬 州	389	853687	427594	354622	333.9	125
镇 江	238	123651	353667	218877	154.5	45.8
泰 州	513	966747	328914	263935	326.2	125.6
宿 迁	292	273395	230336	199129	205	87.9

2-C-9　各地区总承包企业营业额

单位：万元

地　区	企业营业额	#在境外完成的营业额	企业总产值	#建筑业总产值
总　计	**226223398**	**3723950**	**294584552**	**277934466**
南　京	31412414	1135595	36064608	31780334
无　锡	7806971	59895	7603430	7453819
徐　州	11910687	34914	14415825	14164658
常　州	11912944	269705	14376141	14134570
苏　州	15402662	152504	17012965	16651148
南　通	63847200	956234	84053490	79706804
连云港	5712123	121	6754244	6598211
淮　安	9293241	32300	12297608	12032385
盐　城	12889514	14419	16912903	16441331
扬　州	24110424	527707	41035278	36503177
镇　江	4404174	84086	4672983	4373133
泰　州	22148754	453898	32938706	31797628
宿　迁	5372291	2572	6446372	6297270

2-C-10 各地区总承包企业资产构成

单位：万元

地区	资产总计	#流动资产合计	#存货
总计	**176314809**	**147816048**	**37227987**
南京	36241211	30602013	6620483
无锡	8656499	7157485	1914269
徐州	7130008	5831709	1620830
常州	11133469	9448584	2148575
苏州	17401330	15563931	4519766
南通	37750361	33214986	8668455
连云港	3780342	2828905	684701
淮安	6402192	4497185	817368
盐城	10472084	7734085	1610136
扬州	15712946	13366730	4248638
镇江	6568825	5550835	1024525
泰州	11075270	8764461	2755251
宿迁	3990272	3255140	594990

2-C-11　各地区总承包企业固定资产情况

单位：万元

地　区	固定资产原价	累计折旧	#本年折旧	在建工程
总　计	**19944208**	**8302453**	**1168983**	**1247280**
南　京	2692941	1323018	195877	140275
无　锡	1148858	615620	71993	31166
徐　州	1187267	507772	82469	73655
常　州	1268218	513079	64688	81569
苏　州	1632735	907329	95418	82435
南　通	3517520	1533244	169290	65101
连云港	656899	253804	28222	69833
淮　安	1095908	271738	62907	194580
盐　城	2013341	598407	105813	27135
扬　州	1630588	648955	107220	342901
镇　江	589352	270913	34681	84867
泰　州	1987517	685935	118312	31238
宿　迁	523066	172641	32093	22527

2-C-12 各地区总承包企业负债及所有者权益

单位：万元

地区	负债合计	#流动负债	#应收账款	所有者权益	#实收资本
总计	**101292909**	**92824922**	**35060882**	**75021900**	**29325438**
南京	25042686	21937099	8883624	11198525	4887694
无锡	5372525	4950291	1925532	3283974	1543974
徐州	3036011	2778352	1191592	4093998	1693537
常州	6275041	5917427	2197574	4858427	2216574
苏州	11505458	11198815	5199691	5895871	3295202
南通	21765735	20516586	6763788	15984627	4274845
连云港	1660228	1470407	520842	2120114	766572
淮安	2903869	2415408	769392	3498323	1468287
盐城	5011246	4642207	1874260	5460838	2493798
扬州	8280594	7233301	2309651	7432352	2450811
镇江	4337131	3897560	1381628	2231695	1121184
泰州	4750458	4584916	1582736	6324813	2079500
宿迁	1351927	1282554	460573	2638345	1033461

2-C-13　各地区总承包企业实收资本

单位：万元

地　区	合计	国家资本	集体资本	法人资本	个人资本	港澳台资本	外商资本
总　计	**29325438**	**2457057**	**639053**	**8572281**	**17504444**	**77967**	**74636**
南　京	4887694	670050	171278	1771898	2242270	5810	26387
无　锡	1543974	155691	65118	280743	1033376		9045
徐　州	1693537	310194	21642	483176	878527		
常　州	2216574	193094	19139	484946	1514467		4928
苏　州	3295202	259014	64616	929898	1997429	19236	25009
南　通	4274845	12171	72549	1184010	2994501	3314	8301
连云港	766572	189806	30507	180307	365252	700	
淮　安	1468287	85317	32442	563819	780709	6000	
盐　城	2493798	48920	18636	622854	1803388		
扬　州	2450811	278257	84729	743596	1300903	42906	420
镇　江	1121184	113230	27129	355359	625466		
泰　州	2079500	110380	18402	543191	1406981		546
宿　迁	1033461	30934	12867	428486	561173		

2-C-14 各地区总承包企业收入情况

单位：万元

地区	营业收入	主营业务收入	#主营业务成本	#主营业务税金及附加	营业利润	#其他业务利润
总计	**226223398**	**224923167**	**204044960**	**3021035**	**9912480**	**160665**
南京	31412414	31223966	28702307	228694	1176360	30574
无锡	7806971	7757321	6940718	64548	341133	9794
徐州	11910687	11874559	10496192	243945	535777	1758
常州	11912944	11882723	11004121	92305	457658	4557
苏州	15402662	15302044	14087025	61824	505702	23314
南通	63847200	63558285	59029105	473637	2649738	32302
连云港	5712123	5659449	4926141	190053	301589	1459
淮安	9293241	9250567	7876042	281902	430958	1872
盐城	12889514	12866488	11382006	322952	520051	4356
扬州	24110424	23852218	21474987	333207	1303488	31826
镇江	4404174	4368148	3908052	51158	196653	4370
泰州	22148754	21979852	19673046	486688	1190614	8242
宿迁	5372291	5347548	4545218	190122	302760	6243

2-C-15　各地区总承包企业费用情况

单位：万元

地　区	管理费用	销售费用	财务费用	#利息收入	#利息支出
总　计	**5909092**	**726213**	**1483428**	**169975**	**1075737**
南　京	842158	81328	246998	73144	250485
无　锡	349669	22071	50043	6122	39904
徐　州	540701	60230	36654	1201	15304
常　州	246812	16109	70412	-826	55706
苏　州	571368	25092	95914	11610	70488
南　通	1027811	56579	376198	38775	314466
连云港	186330	23121	36115	4513	17400
淮　安	425616	117379	65784	2679	22401
盐　城	430590	79663	103883	3526	60422
扬　州	531806	86454	192952	13423	102461
镇　江	142666	15539	48663	2637	31021
泰　州	431946	94418	127945	9099	66887
宿　迁	181619	48232	31867	4073	28794

2-C-16 各地区总承包企业利润及税金情况

单位：万元

地　区	利润总额	税金总额	主营业务税金及附加	应交增值税
总　计	**9934286**	**10024267**	**3021035**	**7003232**
南　京	1178984	1150747	228694	922052
无　锡	347801	243486	64548	178938
徐　州	534111	732155	243945	488210
常　州	469186	467439	92305	375134
苏　州	507573	368793	61824	306969
南　通	2652477	2394805	473637	1921168
连云港	301952	401483	190053	211430
淮　安	431824	618134	281902	336232
盐　城	514924	730897	322952	407945
扬　州	1302842	1087488	333207	754280
镇　江	196748	169778	51158	118620
泰　州	1190305	1252581	486688	765894
宿　迁	305559	406482	190122	216360

2-C-17　各地区总承包企业应收工程款及企业亏损情况

地　区	应收工程款（万元）	企业个数（个）	#亏损企业个数	亏损企业的比重（%）
总　计	**50224744**	**5676**	**273**	**4.8**
南　京	8426635	780	70	9
无　锡	2443931	316	21	**6.6**
徐　州	2248757	385	13	**3.4**
常　州	3803816	387	23	5.9
苏　州	4668558	642	58	9
南　通	11833622	642	29	4.5
连云港	1101022	201	5	2.5
淮　安	1632471	345	4	1.2
盐　城	3050138	546	15	2.7
扬　州	4240942	389	12	3.1
镇　江	2062136	238	17	**7.1**
泰　州	3178328	513	4	**0.8**
宿　迁	1534388	292	2	0.7

2-C-18 各地区总承包企业主要经济效益指标

地区	产值利润率（%）	产值利税率（%）	资本利润率（%）	资本利税率（%）	人均利润（元/人）	人均利税（元/人）	资产负债率（%）
总计	**3.6**	**7.2**	**33.9**	**68.1**	**12660**	**25435**	**57.5**
南京	3.7	7.3	24.1	47.7	13389	26458	69.1
无锡	4.7	7.9	22.5	38.3	20371	34633	62.1
徐州	3.8	8.9	31.5	74.8	9548	22636	42.6
常州	3.3	6.6	21.2	42.3	11061	22080	56.4
苏州	3.0	5.3	15.4	26.6	12293	21224	66.1
南通	3.3	6.3	62.0	118.1	14980	28505	57.7
连云港	4.6	10.7	39.4	91.8	10861	25302	43.9
淮安	3.6	8.7	29.4	71.5	7920	19257	45.4
盐城	3.1	7.6	20.6	50.0	8760	21195	47.9
扬州	3.6	6.5	53.2	97.5	15261	28000	52.7
镇江	4.5	8.4	17.5	32.7	15912	29642	66.0
泰州	3.7	7.7	57.2	117.5	12312	25269	42.9
宿迁	4.9	11.3	29.6	68.9	11176	26044	33.9

2-C-19　各地区按资质等级划分的总承包企业单位数

单位：个

地　区	合计	特级	一级	二级	三级及以下
总　计	**5676**	**80**	**668**	**1889**	**3039**
南　京	780	17	102	197	464
无　锡	316	2	56	124	134
徐　州	385	3	45	136	201
常　州	387	3	71	155	158
苏　州	642	5	98	248	291
南　通	642	24	91	230	297
连云港	201	1	17	68	115
淮　安	345	1	27	113	204
盐　城	546	3	40	205	298
扬　州	389	11	45	120	213
镇　江	238	1	23	73	141
泰　州	513	8	41	147	317
宿　迁	292	1	12	73	206

2-C-20　各地区按资质等级划分的总承包企业期末人数

单位：人

地　区	合计	特级	一级	二级	三级及以下
总　计	**7195316**	**2401184**	**2219072**	**1593929**	**981131**
南　京	704187	326338	199000	91559	87290
无　锡	157482	14465	78482	40926	23609
徐　州	477499	33301	215847	130850	97501
常　州	416897	34968	255729	99811	26389
苏　州	346825	69714	137987	92150	46974
南　通	1643090	1096571	315690	161493	69336
连云港	246636	17757	97410	75304	56165
淮　安	429467	9677	152314	179864	87612
盐　城	485568	51722	158129	184010	91707
扬　州	816814	352310	232713	142619	89172
镇　江	103275	2688	41559	34109	24919
泰　州	1091103	370577	260535	273769	186222
宿　迁	276473	21096	73677	87465	94235

2-C-21　各地区按资质等级划分的总承包企业建筑业总产值

单位：万元

地　区	合计	特级	一级	二级	三级及以下
总　计	**277934466**	**112723917**	**84863798**	**50411722**	**29935029**
南　京	31780334	15317975	9691034	3834159	2937166
无　锡	7453819	531594	4864525	1451715	605985
徐　州	14164658	1691478	5543190	3765548	3164442
常　州	14134570	2360567	7873621	3101511	798871
苏　州	16651148	3105680	8742392	3079028	1724048
南　通	79706804	57894562	13230538	6337484	2244220
连云港	6598211	652769	2340133	1979719	1625590
淮　安	12032385	600643	4822132	4082622	2526988
盐　城	16441331	2246229	4957285	6318977	2918840
扬　州	36503177	17319149	10097898	5577956	3508175
镇　江	4373133	650647	2168705	831178	722603
泰　州	31797628	9785601	8684891	8060957	5266180
宿　迁	6297270	567025	1847455	1990868	1891921

2-C-22 各地区按资质等级划分的总承包企业签订合同额

单位：万元

地区	合计	特级	一级	二级	三级及以下
总计	**458997923**	**202364157**	**147432290**	**71146835**	**38054642**
南京	70234780	42019358	18720236	5651279	3843908
无锡	13671079	943156	9751356	2224872	751695
徐州	20271613	2529655	8164678	5190227	4387053
常州	22656448	3247274	13133852	5280781	994540
苏州	35930822	7101588	21735718	4877653	2215864
南通	123958719	91827938	20050092	9219173	2861517
连云港	9595983	1116124	3849954	2694122	1935783
淮安	16652598	602441	7441962	5138655	3469540
盐城	24243230	3131455	9133611	8508433	3469731
扬州	54746051	28825097	14475783	7362389	4082781
镇江	9484625	2218535	5022381	1225369	1018340
泰州	46541921	16624885	12934571	10493340	6489126
宿迁	11010056	2176652	3018098	3280542	2534764

2-C-23　各地区按资质等级划分的总承包企业竣工产值

单位：万元

地　区	合计	特级	一级	二级	三级及以下
总　计	**203948995**	**76882226**	**62510395**	**40698980**	**23857395**
南　京	20110928	8725155	6583701	2751019	2051053
无　锡	4943877	177968	3057205	1288457	420248
徐　州	10702331	1035178	4198371	3085010	2383773
常　州	11502093	2180552	6222734	2437918	660888
苏　州	9861468	1382959	4524832	2566661	1387017
南　通	54784005	38470859	10127093	4325907	1860146
连云港	5167791	536631	2003857	1621739	1005564
淮　安	9722353	169762	3988200	3544400	2019991
盐　城	13214155	1864932	3580144	5420586	2348493
扬　州	30273646	14907744	8183831	4340986	2841086
镇　江	2706440	446111	1174869	527921	557539
泰　州	25515822	6609656	7262429	7117598	4526138
宿　迁	5444087	374720	1603130	1670777	1795460

2-C-24 各地区按资质等级划分的总承包企业房屋施工面积

单位：平方米

地区	合计	特级	一级	二级	三级及以下
总计	**2475145921**	**1210474386**	**685387642**	**380660324**	**198623569**
南京	267912816	187127651	50649133	16927924	13208108
无锡	37901726	7468579	20521915	7200189	2711043
徐州	107984017	6445870	45411026	30881800	25245321
常州	109036789	9328136	67750095	28147345	3811213
苏州	103745514	30650805	46092077	20946696	6055936
南通	873081240	649061907	149593826	54524303	19901204
连云港	58897806	7092371	24538546	15258849	12008040
淮安	125302430	28826133	43531327	34268254	18676716
盐城	115781155	16028330	44758253	39814503	15180069
扬州	285053804	139135712	76332017	45288742	24297333
镇江	19102262		9333218	6018438	3750606
泰州	315311290	123424105	91549183	61808235	38529767
宿迁	56035072	5884787	15327026	19575046	15248213

2-C-25　各地区按资质等级划分的总承包企业房屋竣工面积

单位：平方米

地　区	合计	特级	一级	二级	三级及以下
总　计	**755311883**	**286206733**	**221558126**	**158273410**	**89273614**
南　京	61457535	31150820	18080799	7496959	4728957
无　锡	11971232	1124095	6245748	3292732	1308657
徐　州	40105960	3286584	14450004	12825930	9543442
常　州	32116738	3096576	18215728	8520180	2284254
苏　州	27547381	5535267	11928899	7349657	2733558
南　通	212966236	153610880	38322332	14836768	6196256
连云港	24646006	2523151	9968968	7174749	4979138
淮　安	39055322	1058565	12900454	16255019	8841284
盐　城	47542061	6907460	13447028	20007615	7179958
扬　州	106750602	45282937	30386264	19693596	11387805
镇　江	5663473		2862782	1162008	1638683
泰　州	121447254	31371332	39044385	30663829	20367708
宿　迁	24042083	1259066	5704735	8994368	8083914

2-C-26 各地区按资质等级划分的总承包企业自有施工机械设备台数

单位：台

地区	合计	特级	一级	二级	三级及以下
总计	**1181136**	**392724**	**315785**	**302870**	**169757**
南京	118643	44647	42916	18857	12223
无锡	43691	312	22503	14779	6097
徐州	105772	31473	19195	34559	20545
常州	67977	7558	37669	17385	5365
苏州	57899	4398	20095	20478	12928
南通	293058	182516	37784	46431	26327
连云港	51851	5516	26813	13006	6516
淮安	43048	448	17935	15599	9066
盐城	86415	16289	13867	43911	12348
扬州	154713	69157	35509	35944	14103
镇江	18401	1179	7031	5264	4927
泰州	106388	29045	29923	27139	20281
宿迁	33280	186	4545	9518	19031

2-C-27 各地区按资质等级划分的总承包企业自有施工机械设备总功率

单位：千瓦

地 区	合计	特级	一级	二级	三级及以下
总 计	**35410850**	**13295900**	**8455151**	**8397638**	**5262161**
南 京	3698687	1187659	1273432	559322	678274
无 锡	1176715	3900	783839	293684	95292
徐 州	3037773	1085635	396905	898484	656749
常 州	1601068	219593	715846	488870	176759
苏 州	1419736	68464	549606	464516	337150
南 通	9022514	6206368	867031	1401919	547196
连云港	812274	124568	214200	295983	177523
淮 安	1234639	30149	291543	515285	397662
盐 城	1933806	500928	416704	593329	422845
扬 州	6608693	3068884	1615751	1427944	496114
镇 江	588828	36761	135911	195837	220319
泰 州	3267847	745371	1106412	831083	584981
宿 迁	1008270	17620	87971	431382	471297

2-C-28 各地区按资质等级划分的总承包企业实收资本

单位：万元

地区	合计	特级	一级	二级	三级及以下
总计	**29325438**	**4085678**	**8787654**	**9402960**	**7049146**
南京	4887694	1286672	1488124	1058401	1054497
无锡	1543974	61168	640362	571291	271153
徐州	1693537	190182	443338	640529	419489
常州	2216574	90350	899771	853216	373238
苏州	3295202	184736	1209030	1178293	723142
南通	4274845	1207522	1178991	1152322	736011
连云港	766572	30066	187772	338093	210641
淮安	1468287	34300	424726	614478	394783
盐城	2493798	108812	605750	1033871	745365
扬州	2450811	543673	621583	517442	768113
镇江	1121184	65338	329274	377725	348847
泰州	2079500	250754	573811	650626	604309
宿迁	1033461	32105	185124	416674	399559

2-C-29　各地区按资质等级划分的总承包企业资产

单位：万元

地　区	合计	特级	一级	二级	三级及以下
总　计	**176314809**	**54345024**	**56177297**	**39154792**	**26637696**
南　京	36241211	16517190	10875786	5095319	3752916
无　锡	8656499	402997	4799461	2560340	893702
徐　州	7130008	1518366	1880984	2383949	1346709
常　州	11133469	654316	5400129	3737949	1341075
苏　州	17401330	1483131	8527585	4323269	3067345
南　通	37750361	22604352	7395666	5291980	2458364
连云港	3780342	133552	1145911	1477536	1023342
淮　安	6402192	131423	2087184	2636055	1547530
盐　城	10472084	940852	3722443	3398681	2410108
扬　州	15712946	6114061	3662009	2327485	3609391
镇　江	6568825	621160	2359696	1634687	1953282
泰　州	11075270	2995679	3263280	2905479	1910832
宿　迁	3990272	227946	1057165	1382063	1323099

2-C-30 各地区按资质等级划分的总承包企业所有者权益

单位：万元

地区	合计	特级	一级	二级	三级及以下
总计	**75021900**	**19900597**	**21491005**	**19810701**	**13819598**
南京	11198525	4085442	3220359	2141715	1751009
无锡	3283974	199834	1422504	1200464	461172
徐州	4093998	594103	1154877	1498112	846906
常州	4858427	301615	2240502	1629573	686739
苏州	5895871	416599	2292878	1886657	1299738
南通	15984627	8639837	3104839	2860498	1379453
连云港	2120114	110744	578673	867747	562950
淮安	3498323	59729	1189032	1312985	936577
盐城	5460838	641832	1417386	1964727	1436893
扬州	7432352	2879743	1642705	1214006	1695899
镇江	2231695	188706	612932	731068	698989
泰州	6324813	1651645	1836468	1678074	1158626
宿迁	2638345	130769	777850	825077	904650

2-C-31　各地区按资质等级划分的总承包企业负债

单位：万元

地　区	合计	特级	一级	二级	三级及以下
总　计	101292909	34444427	34686292	19344092	12818098
南　京	25042686	12431747	7655427	2953604	2001907
无　锡	5372525	203163	3376956	1359876	432530
徐　州	3036011	924263	726107	885838	499804
常　州	6275041	352701	3159627	2108376	654337
苏　州	11505458	1066533	6234707	2436613	1767606
南　通	21765735	13964515	4290826	2431482	1078911
连云港	1660228	22808	567238	609789	460392
淮　安	2903869	71695	898152	1323069	610953
盐　城	5011246	299020	2305057	1433954	973215
扬　州	8280594	3234318	2019304	1113480	1913493
镇　江	4337131	432454	1746764	903619	1254294
泰　州	4750458	1344034	1426812	1227405	752207
宿　迁	1351927	97177	279315	556986	418449

2-C-32 各地区按资质等级划分的总承包企业营业收入

单位：万元

地 区	合计	特级	一级	二级	三级及以下
总 计	**226223398**	**91961040**	**68797127**	**40923223**	**24542007**
南 京	31412414	15009687	9811998	3816871	2773859
无 锡	7806971	479561	5068554	1577534	681321
徐 州	11910687	1904104	4675870	3038064	2292649
常 州	11912944	1516371	6621388	2893024	882161
苏 州	15402662	2474528	7866830	3204957	1856347
南 通	63847200	47532341	8925141	5340482	2049237
连云港	5712123	560156	1954423	1769150	1428394
淮 安	9293241	279559	3843810	3104718	2065155
盐 城	12889514	1835599	3923445	4653247	2477223
扬 州	24110424	12169053	6558056	3272390	2110924
镇 江	4404174	701700	2056597	830327	815550
泰 州	22148754	7096819	5894037	5634663	3523236
宿 迁	5372291	401561	1596979	1787798	1585953

2-C-33　各地区按资质等级划分的总承包企业利税总额

单位：万元

地　区	合计	特级	一级	二级	三级及以下
总　计	**19958553**	**6848040**	**5970607**	**4337011**	**2802894**
南　京	2329730	937523	715640	432813	243755
无　锡	591287	44166	329460	153655	64007
徐　州	1266266	116436	500610	363327	285894
常　州	936625	78602	554276	224118	79630
苏　州	876366	85911	415852	218267	156336
南　通	5047282	3653296	691420	495756	206810
连云港	703435	56803	233346	216261	197024
淮　安	1049958	22049	403524	369037	255348
盐　城	1245821	133972	344333	469051	298466
扬　州	2390330	999585	735876	380130	274740
镇　江	366527	29622	140543	99286	97076
泰　州	2442886	639648	671590	694968	436680
宿　迁	712040	50429	234138	220345	207128

2-C-34 各地区按资质等级划分的总承包企业利润总额

单位：万元

地 区	合计	特级	一级	二级	三级及以下
总 计	**9934286**	**3630574**	**2913242**	**2066286**	**1324185**
南 京	1178984	427663	385672	253299	112350
无 锡	347801	26321	188243	97934	35304
徐 州	534111	46883	211643	163302	112284
常 州	469186	22327	285182	121609	40068
苏 州	507573	54398	247270	107750	98156
南 通	2652477	2004971	287196	250536	109774
连云港	301952	24672	105682	84702	86896
淮 安	431824	8052	146735	161940	115096
盐 城	514924	57823	119609	204122	133371
扬 州	1302842	586197	393811	166780	156055
镇 江	196748	21483	73453	55302	46511
泰 州	1190305	332519	348157	312245	197384
宿 迁	305559	17266	120592	86765	80936

2-C-35　各地区按资质等级划分的总承包企业税金总额

单位：万元

地　区	合计	特级	一级	二级	三级及以下
总　计	**10024267**	**3217467**	**3057364**	**2270726**	**1478710**
南　京	1150747	509860	329968	179514	131405
无　锡	243486	17845	141217	55721	28703
徐　州	732155	69552	288967	200025	173610
常　州	467439	56275	269094	102509	39562
苏　州	368793	31513	168582	110517	58181
南　通	2394805	1648325	404224	245220	97036
连云港	401483	32131	127664	131559	110129
淮　安	618134	13997	256789	207096	140252
盐　城	730897	76149	224724	264929	165095
扬　州	1087488	413388	342065	213350	118685
镇　江	169778	8140	67090	43984	50565
泰　州	1252581	307129	323433	382723	239296
宿　迁	406482	33163	113547	133580	126191

2-C-36 各地区按资质等级划分的总承包企业主营业务收入

单位：万元

地区	合计	特级	一级	二级	三级及以下
总计	**224923167**	**91287591**	**68491036**	**40770290**	**24374250**
南京	31223966	14919525	9776298	3780774	2747370
无锡	7757321	473167	5050639	1559587	673928
徐州	11874559	1898148	4661045	3036883	2278483
常州	11882723	1515564	6616426	2885194	865540
苏州	15302044	2436160	7827634	3196963	1841287
南通	63558285	47295418	8911707	5308078	2043082
连云港	5659449	560156	1915175	1762439	1421679
淮安	9250567	279559	3822421	3099866	2048721
盐城	12866488	1832652	3918912	4646988	2467936
扬州	23852218	11982524	6506365	3258260	2105069
镇江	4368148	701292	2049041	825895	791920
泰州	21979852	6991866	5838847	5630449	3518690
宿迁	5347548	401561	1596526	1778914	1570546

2-C-37 各地区按资质等级划分的总承包企业管理费用

单位：万元

地区	合计	特级	一级	二级	三级及以下
总计	**5909092**	**1397940**	**1896331**	**1475605**	**1139216**
南京	842158	231425	322576	139979	148179
无锡	349669	7211	201265	88931	52263
徐州	540701	72076	228408	105291	134926
常州	246812	8043	112808	83686	42276
苏州	571368	71159	245579	137284	117347
南通	1027811	605314	160812	171897	89788
连云港	186330	20572	34828	67317	63614
淮安	425616	2332	140909	176088	106287
盐城	430590	20127	114044	181935	114483
扬州	531806	226470	128801	96752	79783
镇江	142666	20851	54727	31509	35580
泰州	431946	96816	98703	131545	104882
宿迁	181619	15546	52873	63392	49808

2-C-38 各地区按资质等级划分的总承包企业财务费用

单位：万元

地区	合计	特级	一级	二级	三级及以下
总计	**1483428**	**592137**	**456157**	**276315**	**158819**
南京	246998	173113	48713	10445	14728
无锡	50043	8057	29440	9081	3465
徐州	36654	3821	12518	9714	10602
常州	70412	3704	36714	26246	3748
苏州	95914	14998	49426	26459	5031
南通	376198	235302	79301	48296	13299
连云港	36115	762	10993	11286	13074
淮安	65784	938	31509	19978	13359
盐城	103883	12675	46666	31898	12645
扬州	192952	99299	44206	22917	26530
镇江	48663	11436	16385	11995	8847
泰州	127945	28031	35832	37507	26576
宿迁	31867	2	14456	10494	6915

2-C-39　各地区按资质等级划分的总承包企业应收工程款

单位：万元

地　区	合计				
		特级	一级	二级	三级及以下
总　计	**50224744**	**15141434**	**16417412**	**11282078**	**7383819**
南　京	8426635	3510927	2896863	1099096	919749
无　锡	2443931	44575	1446576	664663	288117
徐　州	2248757	645992	559281	588951	454534
常　州	3803816	180727	1847507	1319564	456018
苏　州	4668558	796958	2077489	1101345	692767
南　通	11833622	6776189	2449315	1857660	750459
连云港	1101022	21584	330727	417086	331626
淮　安	1632471	19601	623916	562617	426337
盐　城	3050138	205257	1148622	977986	718273
扬　州	4240942	1782343	972259	775491	710850
镇　江	2062136	394988	783571	407412	476165
泰　州	3178328	661257	859421	999445	658204
宿　迁	1534388	101037	421866	510763	500722

D.专业承包建筑业企业生产经营及财务状况

2-D-1 各地区专业承包企业签订合同情况

单位：万元

地区	合同总额	上年结转合同额	本年新签合同额
总计	**43460684**	**13242032**	**30218652**
南京	13744721	5680743	8063978
无锡	1863913	394575	1469339
徐州	1194544	336793	857751
常州	2477963	688386	1789577
苏州	10045378	2182524	7862853
南通	4212132	1237438	2974695
连云港	433225	65205	368020
淮安	2050289	330636	1719653
盐城	1014897	98388	916510
扬州	2682491	1249924	1432567
镇江	1106788	185908	920880
泰州	1606622	403965	1202657
宿迁	1027722	387548	640174

2-D-2　各地区专业承包企业承包工程完成情况

单位：万元

地　区	直接从建设单位承揽工程完成的产值			从建设单位以外承揽工程完成的产值
		自行完成施工产值	分包出去工程的产值	
总　计	**26205132**	**26022271**	**182861**	**5590208**
南　京	5994846	5921885	72961	1329630
无　锡	1193455	1182938	10517	374753
徐　州	883513	870940	12573	132534
常　州	1451751	1434294	17457	584680
苏　州	6918496	6882906	35589	583401
南　通	2519078	2505494	13585	784479
连云港	329025	328146	880	168382
淮　安	1737524	1728360	9164	221740
盐　城	863189	861896	1293	171925
扬　州	1714245	1711017	3229	802133
镇　江	920578	920104	474	83162
泰　州	1215962	1215962		299481
宿　迁	463471	458330	5140	53908

2-D-3　各地区专业承包企业建筑业总产值和竣工产值

单位：万元

地　区	建筑业总产值	#装饰装修产值	#在外省完成的产值	按构成分组			竣工产值
				建筑工程产值	安装工程产值	其他产值	
总　计	**31612479**	**13685110**	**12421847**	**25549132**	**5754942**	**308405**	**24614396**
南　京	7251515	2467301	2679729	6030494	1158390	62631	4325606
无　锡	1557691	331147	390554	1220671	316938	20082	1220197
徐　州	1003474	274971	340033	845178	152692	5604	770261
常　州	2018974	834911	982355	1337580	631312	50082	1403586
苏　州	7466308	4977873	3483767	6285296	1141137	39874	7203681
南　通	3289973	1695641	1552368	2449025	800384	40563	2689867
连云港	496528	170811	126273	407348	76053	13127	315728
淮　安	1950100	1169111	480530	1746427	191236	12437	1816019
盐　城	1033820	232590	173979	872145	156599	5077	833949
扬　州	2513150	832134	1178955	1702440	792050	18660	1748570
镇　江	1003266	361359	306884	927329	69906	6032	713422
泰　州	1515442	295678	517669	1293853	212310	9280	1254302
宿　迁	512238	41584	208751	431347	55935	24957	319210

2-D-4　各地区专业承包企业房屋建筑面积

地　区	房屋建筑施工面积（平方米）	#本年新开工	房屋建筑竣工面积（平方米）	房屋建筑面积竣工率（%）
总　计	**19051537**	**8843364**	**3640210**	**19.1**
南　京	2896468	1682348	382705	13.2
无　锡	2070759	331332	147479	7.1
徐　州	392805	276838	275343	70.1
常　州	2203302	1678739	615714	27.9
苏　州	440126	329463	141496	32.1
南　通	2741255	1512194	817380	29.8
连云港	219054	162783	73690	33.6
淮　安	1282700	272546	50245	3.9
盐　城	1741664	780360	359534	20.6
扬　州	1408010	496536	55410	3.9
镇　江	231206	165582	132196	57.2
泰　州	422131	351028	120275	28.5
宿　迁	3002057	803615	468743	15.6

2-D-5 各地区按主要用途分的专业承包企业房屋建筑竣工面积

单位：平方米

地 区	合计	住宅用房	商业及服务用房屋	办公用房屋	科研、教育和医疗用房屋	文化、体育和娱乐用房屋	厂房及建筑物	仓库	其他未列明的房屋建筑物
总 计	**3640210**	**1714529**	**182179**	**287547**	**184376**	**122260**	**1085091**	**35707**	**28521**
南 京	382705	39275	31324	65683	119610	52	125037	1640	84
无 锡	147479	49249	30850				67000		380
徐 州	275343	153437	9228	10000	40878		61800		
常 州	615714	246229	61649	133987	15450		142879		15520
苏 州	141496	85566	5150	2532			48248		
南 通	817380	307091	19161	46004	1800	33780	409544		
连云港	73690	54312	19378						
淮 安	50245	45745					4500		
盐 城	359534	192927	1500	17174	1092	12928	112681	18532	2700
扬 州	55410	43200	1385	2690	1022		4346		2767
镇 江	132196	110200					21996		
泰 州	120275	8196	2275	6700		75500	15400	5134	7070
宿 迁	468743	379102	279	2777	4524		71660	10401	

2-D-6　各地区按主要用途分的专业承包企业房屋建筑竣工价值

单位：万元

地　区	合计	住宅用房	商业及服务用房屋	办公用房屋	科研、教育和医疗用房屋	文化、体育和娱乐用房屋	厂房及建筑物	仓库	其他未列明的房屋建筑物
总　计	**492628**	**240670**	**26782**	**23461**	**20890**	**25874**	**146371**	**4962**	**3618**
南　京	50039	6325	7421	8317	12249	10	15393	308	17
无　锡	66163	43662	8965				13500		37
徐　州	38758	27158	777	409	4306		6108		
常　州	38053	17493	5196	5514	2269		5858		1723
苏　州	36804	7959	1030	365			27451		
南　通	77950	22224	803	4208	400	1664	48651		
连云港	6207	4911	1296						
淮　安	8469	7219					1250		
盐　城	29086	10113	265	2704	188	1118	11617	2665	415
扬　州	9529	6617	379	551	303		1104		575
镇　江	26060	22950					3110		
泰　州	29211	1225	588	880		23082	2149	435	851
宿　迁	76300	62816	62	512	1176		10180	1555	

2-D-7 各地区专业承包企业施工机械设备情况

地　区	年末自有施工机械设备总台数（台）	年末自有施工机械设备总功率（千瓦）	年末自有施工机械设备净值（万元）	技术装备率（元/人）	动力装备率（千瓦/人）
总　计	**174690**	**3623693**	**1020878**	**13439**	**4.8**
南　京	29042	699534	389896	27992	5.0
无　锡	8922	205978	47551	13704	5.9
徐　州	10102	532709	69026	28872	22.3
常　州	13455	156159	35462	4973	2.2
苏　州	19530	268231	49945	3645	2.0
南　通	26444	268852	63984	7421	3.1
连云港	6871	88768	19867	11036	4.9
淮　安	9650	301150	54544	10770	5.9
盐　城	11061	231272	54202	18074	7.7
扬　州	19747	232230	106979	15630	3.4
镇　江	5565	166924	28922	12622	7.3
泰　州	12904	351328	78419	15359	6.9
宿　迁	1397	120558	22083	8434	4.6

2-D-8　各地区专业承包企业主要生产效益指标

地　区	建筑业企业个数（个）	直接从事生产经营活动的平均人数（人）	按总产值计算的劳动生产率（元/人）	人均竣工产值（元/人）	人均施工面积（平方米/人）	人均竣工面积（平方米/人）
总　计	**3634**	**1004696**	**314647**	**244993**	**19.0**	**3.6**
南　京	747	222437	326003	194464	13.0	1.7
无　锡	242	47865	325434	254925	43.3	3.1
徐　州	138	33478	299741	230080	11.7	8.2
常　州	283	74008	272805	189653	29.8	8.3
苏　州	640	202118	369403	356410	2.2	0.7
南　通	337	106453	309054	252681	25.8	7.7
连云港	97	20371	243743	154989	10.8	3.6
淮　安	217	79940	243945	227173	16.0	0.6
盐　城	232	37907	272725	219999	45.9	9.5
扬　州	267	72851	344971	240020	19.3	0.8
镇　江	133	32852	305390	217162	7.0	4.0
泰　州	217	55648	272326	225399	7.6	2.2
宿　迁	84	18768	272932	170082	160.0	25.0

2-D-9 各地区专业承包企业营业额

单位：万元

地 区	企业营业额	#在境外完成的营业额	企业总产值	#建筑业总产值
总 计	**31563589**	**986725**	**32683480**	**31612479**
南 京	7629737	82487	7611775	7251515
无 锡	1931104	632651	1591501	1557691
徐 州	964141	2032	1129075	1003474
常 州	2382174	15988	2075483	2018974
苏 州	7557343	147513	7697332	7466308
南 通	2951687	1789	3324916	3289973
连云港	517683		504520	496528
淮 安	1782036	1250	2006787	1950100
盐 城	982944	2542	1045381	1033820
扬 州	2251478	99295	2592349	2513150
镇 江	929728		1020948	1003266
泰 州	1228507		1538480	1515442
宿 迁	455029	1178	544932	512238

2-D-10　各地区专业承包企业资产构成

单位：万元

地　区	资产总计	#流动资产合计	#存货
总　计	**31004232**	**25369820**	**3970198**
南　京	6807715	5771408	880819
无　锡	2264653	1703957	382575
徐　州	747235	611353	93247
常　州	3038193	2427996	454872
苏　州	8594300	7341419	847407
南　通	2606382	2146501	314544
连云港	391355	313212	40183
淮　安	1129181	857747	169847
盐　城	1135260	872871	144779
扬　州	1907328	1466546	332115
镇　江	916384	787576	129347
泰　州	1018502	745058	150425
宿　迁	447745	324177	30038

2-D-11 各地区专业承包企业固定资产情况

单位：万元

地 区	固定资产原价	累计折旧	#本年折旧	在建工程
总 计	**3770533**	**1586447**	**265698**	**201226**
南 京	829063	374082	73340	66929
无 锡	376362	138167	22565	8558
徐 州	162177	67204	11860	6639
常 州	268832	126213	21319	8415
苏 州	660254	278749	38191	18638
南 通	237618	109858	15612	4826
连云港	72849	28149	3666	3798
淮 安	197083	65345	13125	19951
盐 城	216703	82589	15017	4568
扬 州	345508	160463	22866	33419
镇 江	125278	59173	6960	5797
泰 州	225247	77593	17559	17438
宿 迁	53560	18862	3619	2250

2-D-12　各地区专业承包企业负债及所有者权益

单位：万元

地　区	负债合计	#流动负债	#应收账款	所有者权益	#实收资本
总　计	**17446629**	**16636398**	**7677527**	**13557603**	**6192599**
南　京	4560197	4456223	2038694	2247518	1258005
无　锡	1429336	1338583	567598	835317	484365
徐　州	348131	309294	127132	399104	224222
常　州	1702185	1563396	567806	1336008	578301
苏　州	5170076	4959066	2938023	3424225	1344501
南　通	1293200	1229279	376921	1313182	540244
连云港	155804	146718	53389	235550	107902
淮　安	355998	345686	165113	773184	289850
盐　城	464058	434791	161320	671203	361353
扬　州	933986	872078	398181	973341	389969
镇　江	512128	499565	137517	404257	180298
泰　州	334382	309519	76232	684120	316323
宿　迁	187149	172201	69602	260595	117266

2-D-13 各地区专业承包企业实收资本

单位：万元

地区	合计	国家资本	集体资本	法人资本	个人资本	港澳台资本	外商资本
总计	**6192599**	**348336**	**102854**	**2169512**	**3394233**	**39659**	**138007**
南京	1258005	155757	13797	435675	638003	6591	8183
无锡	484365	14119	10785	155885	277277	11681	14617
徐州	224222	34586	13010	51122	125504		
常州	578301	33253	21234	243511	280304		
苏州	1344501	24596	10998	494913	717938	17387	78669
南通	540244	5723	889	198399	335234		
连云港	107902	3610	4685	17864	81743		
淮安	289850	1526	6857	80873	200593		
盐城	361353	26949	10633	126403	197367		
扬州	389969	19783	5794	131174	208119		25100
镇江	180298	20181	2101	69162	84854	4000	
泰州	316323	6893	1783	124123	172088		11438
宿迁	117266	1360	287	40410	75209		

2-D-14　各地区专业承包企业收入情况

单位：万元

地　区	营业收入	主营业务收　入	#主营业务成　本	#主营业务税金及附加	营业利润	#其他业务利　润
总　计	**31563589**	**31240281**	**27020552**	**336491**	**1679746**	**40586**
南　京	7629737	7547431	6747779	46955	243897	7476
无　锡	1931104	1923134	1697238	13659	95743	2979
徐　州	964141	945785	812717	15903	48877	1038
常　州	2382174	2344705	2103631	19701	76861	2478
苏　州	7557343	7458834	6271633	27368	521795	17929
南　通	2951687	2939385	2583783	33076	183258	3461
连云港	517683	510325	416204	13985	35268	101
淮　安	1782036	1771774	1453918	36607	123151	876
盐　城	982944	968858	790333	28514	61600	2169
扬　州	2251478	2238371	1934053	38120	136531	1545
镇　江	929728	923461	802911	13016	49054	220
泰　州	1228507	1221377	1019193	38153	84439	239
宿　迁	455029	446843	387160	11436	19272	75

2-D-15 各地区专业承包企业费用情况

单位：万元

地 区	管理费用	销售费用	财务费用	#利息收入	#利息支出
总 计	**1664114**	**359483**	**167017**	**23709**	**118009**
南 京	368589	73885	32770	1333	25303
无 锡	113274	10191	9683	1458	8968
徐 州	59344	8058	2707	170	1273
常 州	113828	19186	12281	6400	8978
苏 州	505365	121037	32404	10858	27944
南 通	108677	8169	19889	-83	12467
连云港	34874	4671	4788	420	2923
淮 安	92065	43983	9903	287	3177
盐 城	63437	16450	6917	456	2991
扬 州	93743	22076	13004	801	7266
镇 江	41180	10616	5741	976	4343
泰 州	49177	16585	14200	511	10768
宿 迁	20561	4577	2731	120	1610

2-D-16　各地区专业承包企业利润及税金情况

单位：万元

地　区	利润总额	税金总额		
			主营业务税金及附加	应交增值税
总　计	**1683452**	**1200231**	**336491**	**863739**
南　京	247058	213545	46955	166591
无　锡	95856	68017	13659	54358
徐　州	49216	55428	15903	39526
常　州	76657	85125	19701	65425
苏　州	522210	221289	27368	193921
南　通	183807	119743	33076	86666
连云港	35189	31781	13985	17796
淮　安	122664	93090	36607	56483
盐　城	61372	60648	28514	32134
扬　州	136968	106620	38120	68501
镇　江	49218	40367	13016	27351
泰　州	83885	75907	38153	37754
宿　迁	19354	28671	11436	17235

2-D-17 各地区专业承包企业应收工程款及企业亏损情况

地区	应收工程款（万元）	企业个数（个）	#亏损企业个数	亏损企业的比重（%）
总计	**11147922**	**3634**	**271**	**7.5**
南京	2099704	747	84	11.2
无锡	659244	242	17	7.0
徐州	228756	138	7	5.1
常州	1016488	283	26	9.2
苏州	3769044	640	80	12.5
南通	1053970	337	16	4.7
连云港	116571	97	3	3.1
淮安	367612	217	3	1.4
盐城	352879	232	13	5.6
扬州	664669	267	5	1.9
镇江	353554	133	7	5.3
泰州	324734	217	6	2.8
宿迁	140697	84	4	4.8

2-D-18　各地区专业承包企业主要经济效益指标

地　区	产值利润率（%）	产值利税率（%）	资本利润率（%）	资本利税率（%）	人均利润（元/人）	人均利税（元/人）	资产负债率（%）
总　计	**5.3**	**9.1**	**27.2**	**46.6**	**16756**	**28702**	**56.3**
南　京	3.4	6.4	19.6	36.6	11107	20707	67.0
无　锡	6.2	10.5	19.8	33.8	20026	34236	63.1
徐　州	4.9	10.4	21.9	46.7	14701	31258	46.6
常　州	3.8	8.0	13.3	28.0	10358	21860	56.0
苏　州	7.0	10.0	38.8	55.3	25837	36785	60.2
南　通	5.6	9.2	34.0	56.2	17266	28515	49.6
连云港	7.1	13.5	32.6	62.1	17274	32875	39.8
淮　安	6.3	11.1	42.3	74.4	15345	26989	31.5
盐　城	5.9	11.8	17.0	33.8	16190	32189	40.9
扬　州	5.5	9.7	35.1	62.5	18801	33436	49.0
镇　江	4.9	8.9	27.3	49.7	14982	27269	55.9
泰　州	5.5	10.5	26.5	50.5	15074	28715	32.8
宿　迁	3.8	9.4	16.5	41.0	10312	25589	41.8

2-D-19 各地区按资质等级划分的专业承包企业单位数

单位：个

地 区	合计	一级	二级	三级及以下
总 计	**3634**	**531**	**1190**	**1913**
南 京	747	128	236	383
无 锡	242	47	80	115
徐 州	138	29	57	52
常 州	283	48	121	114
苏 州	640	102	192	346
南 通	337	43	112	182
连云港	97	7	28	62
淮 安	217	16	55	146
盐 城	232	23	80	129
扬 州	267	38	74	155
镇 江	133	25	43	65
泰 州	217	17	95	105
宿 迁	84	8	17	59

2-D-20　各地区按资质等级划分的专业承包企业期末人数

单位：人

地区	合计	一级	二级	三级及以下
总　计	**759660**	**327099**	**188302**	**244259**
南　京	139288	49606	22925	66757
无　锡	34698	20668	6591	7439
徐　州	23908	8600	9152	6156
常　州	71306	22778	20531	27997
苏　州	137005	90065	23438	23502
南　通	86223	48597	14805	22821
连云港	18002	2612	6060	9330
淮　安	50642	19270	11319	20053
盐　城	29989	6923	10648	12418
扬　州	68444	30352	20999	17093
镇　江	22913	11994	5489	5430
泰　州	51059	11051	27670	12338
宿　迁	26183	4583	8675	12925

2-D-21 各地区按资质等级划分的专业承包企业建筑业总产值

单位：万元

地区	合计	一级	二级	三级及以下
总计	**31612479**	**19105430**	**6090939**	**6416110**
南京	7251515	5096891	886831	1267793
无锡	1557691	1017411	242393	297888
徐州	1003474	365605	379204	258665
常州	2018974	1000616	509017	509341
苏州	7466308	5587813	874274	1004221
南通	3289973	2149786	511896	628291
连云港	496528	72469	191985	232075
淮安	1950100	1152287	289228	508585
盐城	1033820	244019	374516	415285
扬州	2513150	1234904	765518	512728
镇江	1003266	676864	181158	145245
泰州	1515442	389935	821753	303755
宿迁	512238	116831	63168	332239

2-D-22　各地区按资质等级划分的专业承包企业签订合同额

单位：万元

地　区	合计	一级	二级	三级及以下
总　计	**43460684**	**28980695**	**7065220**	**7414770**
南　京	13744721	11226410	1072064	1446247
无　锡	1863913	1261270	248779	353865
徐　州	1194544	460101	490745	243697
常　州	2477963	1270917	543778	663268
苏　州	10045378	7951471	990560	1103347
南　通	4212132	3013181	598686	600265
连云港	433225	69763	187157	176305
淮　安	2050289	1143858	320902	585529
盐　城	1014897	271136	309052	434709
扬　州	2682491	1207716	974456	500319
镇　江	1106788	747864	182569	176354
泰　州	1606622	237985	1083998	284639
宿　迁	1027722	119023	62474	846226

2-D-23　各地区按资质等级划分的专业承包企业竣工产值

单位：万元

地　区	合计	一级	二级	三级及以下
总　计	**24614396**	**15255099**	**4586656**	**4772641**
南　京	4325606	2712110	617710	995786
无　锡	1220197	844032	161990	214175
徐　州	770261	296787	239313	234160
常　州	1403586	722217	418710	262659
苏　州	7203681	5689522	682515	831644
南　通	2689867	1874309	397574	417984
连云港	315728	28973	134202	152553
淮　安	1816019	1228076	219617	368325
盐　城	833949	216334	252713	364902
扬　州	1748570	778213	572668	397689
镇　江	713422	434594	155379	123449
泰　州	1254302	324592	677071	252639
宿　迁	319210	105341	57193	156676

2-D-24　各地区按资质等级划分的专业承包企业房屋施工面积

单位：平方米

地　区	合计	一级	二级	三级及以下
总　计	**19051536**	**2391920**	**3354719**	**13304897**
南　京	2896468	156312	315080	2425076
无　锡	2070759	633823	1418723	18213
徐　州	392805		198353	194452
常　州	2203302	5500	139992	2057810
苏　州	440126	119799	148377	171950
南　通	2741255	177960	84378	2478917
连云港	219054			219054
淮　安	1282700	334854	39245	908601
盐　城	1741664	490200	163106	1088358
扬　州	1408010	366521	562506	478983
镇　江	231206	30000	137849	63357
泰　州	422131	76951	104765	240415
宿　迁	3002056		42345	2959711

2-D-25 各地区按资质等级划分的专业承包企业房屋竣工面积

单位：平方米

地 区	合计	一级	二级	三级及以下
总 计	**3640210**	**707064**	**821798**	**2111348**
南 京	382705	156311	181009	45385
无 锡	147479	147099		380
徐 州	275343		149379	125964
常 州	615714	19626	129944	466144
苏 州	141496	78068	49266	14162
南 通	817380	165460	47750	604170
连云港	73690			73690
淮 安	50245		39245	11000
盐 城	359534	65000	88040	206494
扬 州	55410		7720	47690
镇 江	132196		82200	49996
泰 州	120275	75500	5000	39775
宿 迁	468743		42245	426498

2-D-26　各地区按资质等级划分的专业承包企业自有施工机械设备台数

单位：台

地　区	合计	一级	二级	三级及以下
总　计	**174690**	**64280**	**56373**	**54037**
南　京	29042	14687	5919	8436
无　锡	8922	3106	3215	2601
徐　州	10102	5921	2478	1703
常　州	13455	6429	5447	1579
苏　州	19530	6901	4054	8575
南　通	26444	14293	6317	5834
连云港	6871	418	3513	2940
淮　安	9650	1170	3238	5242
盐　城	11061	1881	4648	4532
扬　州	19747	5491	9740	4516
镇　江	5565	994	2052	2519
泰　州	12904	2821	5544	4539
宿　迁	1397	168	208	1021

2-D-27 各地区按资质等级划分的专业承包企业自有施工机械设备总功率

单位：千瓦

地区	合计	一级	二级	三级及以下
总计	**3623693**	**1576583**	**991597**	**1055513**
南京	699534	445614	104746	149174
无锡	205978	113670	33004	59304
徐州	532709	394241	84983	53485
常州	156159	45117	72618	38424
苏州	268231	139709	49287	79235
南通	268852	80541	103935	84376
连云港	88768	6558	50948	31262
淮安	301150	19064	74921	207165
盐城	231272	66861	46498	117913
扬州	232230	42263	101629	88338
镇江	166924	109904	22386	34634
泰州	351328	30737	240475	80116
宿迁	120558	82304	6167	32087

2-D-28　各地区按资质等级划分的专业承包企业实收资本

单位：万元

地　区	合计	一级	二级	三级及以下
总　计	**6192599**	**2483411**	**1788782**	**1920407**
南　京	1258005	555798	319734	382474
无　锡	484365	216906	140641	126818
徐　州	224222	74526	92003	57693
常　州	578301	278471	162152	137678
苏　州	1344501	762263	264856	317382
南　通	540244	174156	179374	186714
连云港	107902	19920	46963	41019
淮　安	289850	56213	83214	150423
盐　城	361353	74564	146542	140248
扬　州	389969	132069	113333	144567
镇　江	180298	75196	53888	51214
泰　州	316323	53605	164623	98095
宿　迁	117266	9724	21460	86082

2-D-29　各地区按资质等级划分的专业承包企业资产

单位：万元

地　区	合计	一级	二级	三级及以下
总　计	**31004232**	**17795146**	**6329601**	**6879484**
南　京	6807715	4182788	1165779	1459148
无　锡	2264653	1392803	514423	357427
徐　州	747235	301036	223259	222940
常　州	3038193	1742744	718530	576919
苏　州	8594300	6336818	970086	1287396
南　通	2606382	1282890	601504	721988
连云港	391355	50283	172180	168891
淮　安	1129181	468877	247862	412442
盐　城	1135260	266052	409957	459252
扬　州	1907328	902956	528094	476278
镇　江	916384	480219	195349	240816
泰　州	1018502	249662	509403	259437
宿　迁	447745	138019	73176	236550

2-D-30　各地区按资质等级划分的专业承包企业所有者权益

单位：万元

地　区	合计	一级	二级	三级及以下
总　计	**13557603**	**7047940**	**3091705**	**3417957**
南　京	2247518	1117780	492376	637361
无　锡	835317	486135	152413	196769
徐　州	399104	140652	141077	117375
常　州	1336008	838082	284060	213866
苏　州	3424225	2380944	463909	579372
南　通	1313182	669849	307514	335818
连云港	235550	29152	87954	118445
淮　安	773184	333140	164627	275416
盐　城	671203	154863	245992	270348
扬　州	973341	438541	267678	267122
镇　江	404257	201772	96378	106108
泰　州	684120	184168	336257	163696
宿　迁	260595	72861	51473	136262

2-D-31　各地区按资质等级划分的专业承包企业负债

单位：万元

地　区	合计	一级	二级	三级及以下
总　计	**17446629**	**10747206**	**3237896**	**3461527**
南　京	4560197	3065008	673403	821787
无　锡	1429336	906667	362010	160658
徐　州	348131	160384	82183	105565
常　州	1702185	904662	434471	363053
苏　州	5170076	3955875	506177	708025
南　通	1293200	613040	293990	386170
连云港	155804	21131	84227	50446
淮　安	355998	135737	83234	137026
盐　城	464058	111189	163965	188904
扬　州	933986	464414	260417	209155
镇　江	512128	278448	98971	134708
泰　州	334382	65494	173147	95741
宿　迁	187149	65158	21703	100289

2-D-32　各地区按资质等级划分的专业承包企业营业收入

单位：万元

地　区	合计	一级	二级	三级及以下
总　计	**31563589**	**18286124**	**5992717**	**7284749**
南　京	7629737	5074453	979957	1575327
无　锡	1931104	1277248	298632	355224
徐　州	964141	375374	343282	245485
常　州	2382174	1123463	611382	647329
苏　州	7557343	5236925	936864	1383554
南　通	2951687	1654409	534252	763026
连云港	517683	79612	193541	244530
淮　安	1782036	1020562	288324	473150
盐　城	982944	241657	321865	419422
扬　州	2251478	1158210	612823	480445
镇　江	929728	606613	167550	155565
泰　州	1228507	344218	636758	247532
宿　迁	455029	93381	67487	294160

2-D-33 各地区按资质等级划分的专业承包企业利税总额

单位：万元

地 区	合计	一级	二级	三级及以下
总 计	**2883682**	**1593349**	**565614**	**724720**
南 京	460603	287897	68900	103806
无 锡	163873	98764	23147	41962
徐 州	104644	33676	44300	26668
常 州	161782	78463	33311	50009
苏 州	743498	544857	71263	127378
南 通	303549	189868	47274	66408
连云港	66970	9882	24290	32798
淮 安	215754	95480	41479	78795
盐 城	122019	24658	42648	54713
扬 州	243588	124225	58362	61001
镇 江	89585	50500	16353	22732
泰 州	159792	44530	85976	29286
宿 迁	48025	10549	8311	29165

2-D-34　各地区按资质等级划分的专业承包企业利润总额

单位：万元

地区	合计	一级	二级	三级及以下
总计	**1683452**	**1005651**	**294874**	**382927**
南京	247058	168832	35596	42630
无锡	95856	57474	10301	28081
徐州	49216	14740	19816	14660
常州	76657	41557	13265	21835
苏州	522210	400579	42288	79343
南通	183807	126050	24836	32921
连云港	35189	4829	12008	18352
淮安	122664	53184	21469	48012
盐城	61372	12930	20251	28191
扬州	136968	74424	30350	32195
镇江	49218	27826	9096	12296
泰州	83885	19241	51325	13320
宿迁	19354	3986	4276	11091

2-D-35 各地区按资质等级划分的专业承包企业税金总额

单位：万元

地区	合计	一级	二级	三级及以下
总计	**1200231**	**587698**	**270740**	**341793**
南京	213545	119065	33304	61176
无锡	68017	41290	12847	13881
徐州	55428	18936	24484	12008
常州	85125	36905	20046	28174
苏州	221289	144278	28975	48036
南通	119743	63818	22438	33487
连云港	31781	5052	12283	14446
淮安	93090	42297	20010	30783
盐城	60648	11728	22398	26522
扬州	106620	49802	28013	28806
镇江	40367	22674	7257	10436
泰州	75907	25290	34652	15965
宿迁	28671	6563	4034	18074

2-D-36　各地区按资质等级划分的专业承包企业主营业务收入

单位：万元

地区	合计			
		一级	二级	三级及以下
总　计	**31240281**	**18113912**	**5942022**	**7184348**
南　京	7547431	5011735	972927	1562769
无　锡	1923134	1273405	297916	351813
徐　州	945785	374450	342930	228405
常　州	2344705	1099645	602446	642614
苏　州	7458834	5181321	932467	1345046
南　通	2939385	1651197	529858	758330
连云港	510325	79612	193439	237275
淮　安	1771774	1014107	287012	470655
盐　城	968858	239442	313974	415442
扬　州	2238371	1150509	609727	478135
镇　江	923461	606433	162793	154236
泰　州	1221377	338755	635591	247031
宿　迁	446843	93303	60943	292597

2-D-37 各地区按资质等级划分的专业承包企业管理费用

单位：万元

地区	合计	一级	二级	三级及以下
总计	**1664114**	**842600**	**367308**	**454206**
南京	368589	204428	74632	89529
无锡	113274	63901	21067	28306
徐州	59344	16630	19450	23263
常州	113828	54136	34069	25624
苏州	505365	311798	81923	111645
南通	108677	52082	20461	36134
连云港	34874	4681	13655	16539
淮安	92065	45713	19629	26724
盐城	63437	12135	19718	31585
扬州	93743	42590	23896	27256
镇江	41180	21628	8680	10872
泰州	49177	7641	26538	14999
宿迁	20561	5239	3590	11732

2-D-38　各地区按资质等级划分的专业承包企业财务费用

单位：万元

地区	合计	一级	二级	三级及以下
总　计	**167017**	**91718**	**45739**	**29561**
南　京	32770	21863	5584	5324
无　锡	9683	5271	3831	580
徐　州	2707	1057	714	936
常　州	12281	9473	525	2282
苏　州	32404	21879	6238	4288
南　通	19889	9347	5302	5240
连云港	4788	253	2198	2337
淮　安	9903	3132	4592	2179
盐　城	6917	2178	2394	2345
扬　州	13004	8773	3318	913
镇　江	5741	4166	1030	545
泰　州	14200	2539	9700	1961
宿　迁	2731	1788	314	630

2-D-39 各地区按资质等级划分的专业承包企业应收工程款

单位：万元

地 区	合计	一级	二级	三级及以下
总 计	**11147922**	**6789896**	**1998830**	**2359196**
南 京	2099704	1234274	352800	512630
无 锡	659244	416103	137745	105396
徐 州	228756	90326	54524	83906
常 州	1016488	524154	236823	255511
苏 州	3769044	3025359	332193	411492
南 通	1053970	559394	217504	277073
连云港	116571	17702	41504	57365
淮 安	367612	209081	69327	89204
盐 城	352879	90112	129082	133685
扬 州	664669	321382	178783	164504
镇 江	353554	187264	66486	99803
泰 州	324734	81478	164103	79154
宿 迁	140697	33268	17956	89473

E.劳务分包建筑业企业生产经营及财务状况

2-E-1　各地区劳务分包企业生产经营情况（一）

单位：万元

地　区	建筑业总产值	#装饰装修产值	资产总计	负债合计
总　计	**1032544**	**99946**	**799329**	**517681**
南　京	107595	8181	94284	29117
无　锡	39632	13049	43215	21488
徐　州	14899	215	8412	851
常　州	73341	2436	42948	25661
苏　州	93796	1500	126662	111841
南　通	307395	21422	161349	124806
连云港	4443	18	3777	1709
淮　安	91495	18219	96438	57997
盐　城	110555	24670	71087	28359
扬　州	21804		56898	41658
镇　江	109685	4448	45665	42619
泰　州	19961	5482	22609	13437
宿　迁	37944	306	25987	18140

2-E-2 各地区劳务分包企业生产经营情况（二）

单位：万元

地 区	营业收入	营业成本	税金及附加	营业利润
总 计	**1146881**	**1062529**	**15133**	**38977**
南 京	139861	117152	3734	12454
无 锡	34943	30030	334	1119
徐 州	13063	10663	178	755
常 州	72813	66847	520	2701
苏 州	97651	93240	553	1660
南 通	316516	307647	2367	4991
连云港	4416	3847	85	342
淮 安	74742	63529	2321	4486
盐 城	106606	94969	2677	5448
扬 州	128496	124711	686	1694
镇 江	100390	98619	660	698
泰 州	20134	16960	597	1143
宿 迁	37251	34316	421	1487

2-E-3　各地区劳务分包企业生产经营情况（三）

单位：万元

地　区	利润总额	应付职工薪酬	应交增值税	管理费用
总　计	**37743**	**564911**	**47861**	**26267**
南　京	12120	78239	6468	5528
无　锡	906	11072	1301	3000
徐　州	755	3857	901	680
常　州	2700	52745	2483	2146
苏　州	1637	50559	3789	1828
南　通	4944	154959	17048	2216
连云港	332	2118	151	181
淮　安	4380	38616	2377	3036
盐　城	5120	39702	3817	3724
扬　州	1678	43919	4270	1403
镇　江	727	71767	2592	428
泰　州	1015	9823	765	1392
宿　迁	1428	7536	1900	707

2-E-4 各地区劳务分包企业个数和人员情况

地区	企业个数（个）	从事主营业务活动的从业人员平均人数（人）	从业人员期末人数（人）	
				#工程技术人员
总计	**345**	**78191**	**72521**	**6089**
南京	57	8796	9547	825
无锡	24	1951	2406	349
徐州	8	730	768	133
常州	23	8854	8637	552
苏州	37	10665	11231	1123
南通	33	17018	16886	589
连云港	7	575	599	80
淮安	39	7495	7427	939
盐城	53	6688	6924	740
扬州	24	2342	2296	223
镇江	6	9744	2454	177
泰州	20	1798	1832	168
宿迁	14	1535	1514	191

F.无资质建筑业企业生产经营及财务状况

2-F-1　各地区无资质建筑业企业单位基本情况

地　区	法人单位个数（个）	期末从业人员（人）	资产总计（万元）	#固定资产净值	负债合计（万元）
总　计	**109345**	**1146201**	**116105525**	**7273582**	**71365771**
南　京	11130	139580	22379658	480170	15460719
无　锡	11771	92454	6386305	438073	4030219
徐　州	8630	110198	5834639	1270666	3073480
常　州	4994	55316	5076125	211255	3683102
苏　州	28139	238789	30710060	633849	17036051
南　通	8621	125206	13598145	804510	7549676
连云港	5179	44413	3874331	524986	1829246
淮　安	5399	54700	8166980	528322	5675544
盐　城	7802	92418	4321127	1014353	2185601
扬　州	6033	70680	4748777	671947	2764907
镇　江	4135	42446	4204067	256416	3307366
泰　州	3996	38676	5722321	229315	4315886
宿　迁	3516	41325	1082990	209720	453974

2-F-2　各地区无资质建筑业企业生产经营情况

单位：万元

地　区	营业收入	营业成本	税金及附加	营业利润	应付职工薪酬	应交增值税
总　计	**37612480**	**29219222**	**233520**	**2950441**	**7018918**	**1191804**
南　京	5217389	4335875	27983	227963	996614	134485
无　锡	3011686	2370396	15842	185967	486391	76501
徐　州	4534178	3357512	23151	569837	653557	162574
常　州	1601888	1278577	8690	72560	359684	39322
苏　州	6350400	5319434	28063	87016	1207247	168095
南　通	3981235	2964580	26604	406661	837918	140499
连云港	1354685	1017001	9796	176027	269538	50133
淮　安	1708721	1179533	12133	218563	338904	66228
盐　城	3124233	2356575	31839	287438	561358	108673
扬　州	2387899	1772912	19354	272548	489047	92593
镇　江	1808565	1329618	12178	208350	317804	64346
泰　州	1438280	1171773	7548	100938	229561	46234
宿　迁	1093322	765437	10339	136573	271295	42123

2-F-3　分行业无资质建筑业企业单位基本情况

行　业	法人单位个数（个）	期末从业人员（人）	资产总计（万元）	#固定资产净值	负债合计（万元）
总计	**109345**	**1146201**	**116105525**	**7273582**	**71365771**
房屋建筑业	18876	243974	25874582	1895845	17572319
住宅房屋建筑	14116	187057	17407366	1344907	11295317
体育场馆建筑	8	37	427	72	75
其他房屋建筑业	4752	56880	8466789	550865	6276927
土木工程建筑业	23126	275587	55405440	2665836	36784434
铁路、道路、隧道和桥梁工程建筑	6900	96068	34869287	1101299	23501396
水利和水运工程建筑	1228	14229	4659775	286145	3313576
架线及设备工程建筑	40	412	232920	10582	158907
电力工程施工	303	4044	470383	20033	317360
海洋工程建筑	1389	21016	1168019	186661	715828
工矿工程建筑	873	8833	444916	42444	239391
节能环保工程	655	8962	502281	50927	284760
其他土木工程建筑	11738	122023	13057859	967745	8253215
建筑安装业	22596	253028	9100770	1059862	5378334
电气安装	5722	62505	2279334	248921	1198879
管道和设备安装	6111	58639	1714049	241240	846976
其他建筑安装	10763	131884	5107387	569701	3332479
建筑装饰、装修和其他建筑业	44747	373612	25724732	1652038	11630684
建筑装饰和装修业	34841	225546	14724647	949191	2951674
建筑物拆除和场地准备活动	2367	21803	4641005	233136	4085927
提供施工设备服务	398	7196	122643	28958	57265
其他未列明建筑业	7141	119067	6236438	440754	4535818

2-F-4 分行业无资质建筑业企业生产经营情况

单位：万元

行　业	营业收入	营业成本	税金及附加	营业利润	应付职工薪酬	应交增值税
总计	**37612480**	**29219222**	**233520**	**2950441**	**7018918**	**1191804**
房屋建筑业	8831141	6819198	55280	848468	1511950	293874
住宅房屋建筑	6629905	5096607	40229	681922	1148763	222588
体育场馆建筑	727	568	1	121	202	39
其他房屋建筑业	2200510	1722023	15050	166425	362985	71248
土木工程建筑业	10790068	8447059	73311	880668	1707379	328537
铁路、道路、隧道和桥梁工程建筑	4181855	3332640	27628	306499	575075	120466
水利和水运工程建筑	589429	459619	4919	47322	92099	21097
架线及设备工程建筑	21752	15806	262	1235	3008	956
电力工程施工	283215	206799	1871	39902	27414	9794
海洋工程建筑	735282	586890	3941	50415	155589	18779
工矿工程建筑	362884	279220	2169	23609	54654	12189
节能环保工程	440353	340010	2267	35467	64273	15045
其他土木工程建筑	4175298	3226075	30253	376220	735268	130212
建筑安装业	7822652	6146523	45255	486827	1513089	242525
电气安装	2187579	1737642	11329	141766	379194	65974
管道和设备安装	1771526	1377709	11107	115463	346027	58331
其他建筑安装	3863547	3031172	22820	229598	787868	118220
建筑装饰、装修和其他建筑业	10168619	7806443	59673	734478	2286500	326868
建筑装饰和装修业	6041733	4475881	33605	488642	1234951	191978
建筑物拆除和场地准备活动	700852	527011	4475	44632	123004	23080
提供施工设备服务	161197	128764	1014	15083	32581	5035
其他未列明建筑业	3264837	2674786	20580	186121	895964	106776

附　　录

主要指标解释

主要指标解释

研究与试验发展（R&D） 指在科学技术领域，为增加知识总量，以及运用这些知识去创造新的应用进行的系统的创造性的活动，包括基础研究、应用研究、试验发展三类活动。国际上通常采用 R&D 活动的规模和强度指标反映一国的科技实力和核心竞争力。

R&D 人员 指参与研究与试验发展项目研究、管理和辅助工作的人员，包括项目（课题）组人员，企业科技行政管理人员和直接为项目（课题）活动提供服务的辅助人员。反映投入从事拥有自主知识产权的研究开发活动的人力规模。

R&D 人员全时当量 指全时人员数加非全时人员按工作量折算为全时人员数的总和。例如：有两个全时人员和三个非全时人员（工作时间分别为 20%、30%和 70%），则全时当量为 2+0.2+0.3+0.7=3.2 人年。为国际上比较科技人力投入而制定的可比指标。

R&D 经费内部支出 指调查单位用于内部开展 R&D 活动（基础研究、应用研究和试验发展）的实际支出。包括用于 R&D 项目（课题）活动的直接支出，以及间接用于 R&D 活动的管理费、服务费、与 R&D 有关的基本建设支出以及外协加工费等。不包括生产性活动支出、归还贷款支出以及与外单位合作或委托外单位进行 R&D 活动而转拨给对方的经费支出。

R&D 经费支出中政府资金 指 R&D 经费内部支出中来自各级政府部门的各类资金，包括财政科学技术拨款、科学基金、教育等部门事业费以及政府部门预算外资金的实际支出。

R&D 经费支出中企业资金 指 R&D 经费内部支出中来自本企业的自有资金和接受其他企业委托而获得的经费，以及科研院所、高校等事业单位从企业获得的资金的实际支出。

R&D 项目数 指在当年立项并开展研究工作、以前年份立项仍继续进行研究的研发项目（课题）数，包括当年完成和年内研究工作已告失败的研发项目（课题），但不包括委托外单位进行的研发项目（课题）数。

R&D 项目人员全时当量 指实际参加研发项目（课题）活动人员折合的全时当量。

R&D 项目经费支出 指调查单位内部在报告年度进行研发项目（课题）研究和试制等的实际支出。包括劳务费、其他日常支出、固定资产购建费、外协加工费等，不包括委托或与外单位合作进行项目（课题）研究而拨付给对方使用的经费。

新产品销售收入 指报告期企业销售新产品实现的销售收入。新产品是指采用新技术原理、新设计构思研制、生产的全新产品，或在结构、材质、工艺等某一方面比原有产品有明显改进，从而显著提高了产品性能或扩大了使用功能的产品。既包括经政府有关部门认定并在有效期内的新产品，也包括企业自行研制开发，未经政府有关部门认定，从投产之日起一年之内的新产品。

技术改造经费支出 指报告期内企业进行技术改造而发生的费用支出。技术改造指企业在坚持科技进步的前提下，将科技成果应用于生产的各个领域（产品、设备、工艺等），用先进工艺、设备代替落后工艺、设备，实现以内涵为主的扩大再生产，从而提高产品质量、促进产品更新换代、节约能源、降低消耗，全面提高综合经济效益。

购买境内技术经费支出 指报告期内企业购买境内其他单位科技成果的经费支出。包括购买产品设计、工艺流程、图纸、配方、专利、技术诀窍及设备的费用支出。

引进境外技术经费支出 指报告期内企业用于购买国外或港澳台技术的费用支出，包括产品设计、工艺流程、图纸、配方、专利等技术资料的费用支出，以及购买设备、仪器、样机和样件等的费用支出。

引进境外技术的消化吸收经费支出 指报告期内企业引进国外或港澳台技术的消化吸收经费支出。引进技术的消化吸收指对引进技术的掌握、应用、复制而开展的工作，以及在此基础上的创新。引进技术的消化吸收经费支出包括：人员培训费、测绘费、参加消化吸收人员的工资、工装、工艺开发费、必备的配套设备费、翻版费等。

签订合同额 指建筑业企业在报告期直接同建设单位签订的各种国内工程合同的总价款和以前年度同建设单位签订的各种国内工程合同的未完工程跨入本年度继续施工工程合同的总价款余额。

建筑业总产值 指以货币表现的建筑业企业在一定时期内生产的建筑业产品和服务的总和。建筑业总产值包括建筑工程产值、安装工程产值和其他产值三部分内容。

劳务分包企业建筑业总产值指劳务分包企业与总承包企业或专业承包企业签定劳务分包合同后，从事建筑安装工程取得的所有劳务收入。

竣工产值 一般是以单位工程为对象，当该工程按照设计所规定的工程内容全部完成，达到了设计规定的交工条件，经有关部门检查验收鉴定合格的单位工程价值，即为竣工产值。

房屋建筑面积 指房屋全部平面面积的总和。它从房屋的外墙线算起，包括可供使用的有效面积和墙柱等结构占用面积。多层房屋按各层（包括地下室）面积总合计算。旧房加层或改造，只计算增加的建筑面积；旧房拆除重建，计算其全部面积；临时房屋不计算建筑面积。

房屋施工面积 指报告期内施工的全部房屋建筑面积。包括本期新开工的房屋建筑面积、上期跨入本期继续施工的房屋建筑面积、上期停缓建在本期恢复施工的房屋建筑面积、本期竣工的房屋建筑面积以及本期施工后又停缓建的房屋建筑面积。多层建筑应填各层建筑面积之和。

房屋竣工面积 指报告期内房屋建筑按照设计要求已全部完工，达到住人和使用条件，经验收鉴定合格或达到竣工验收标准，可正式移交使用的各栋房屋建筑面积的总和。

年末自有施工机械设备 指年末本企业自有的直接用于工程施工的各种机械设备，不包括附属辅助生产机械设备、运输机械设备、生产试验机械设备。

从事建筑业活动的平均人数 指建筑业企业报告期实际拥有的、与建筑施工活动有关的人员的平均人数，包括参加本企业建筑施工活动的非本企业人员，不包括企业内部社会服务性机构的人员以及由本企业支付工资但所从事的工作与本企业生产基本无关的人员。

建筑业企业期末人数 指报告期末最后一日 24 时在本单位工作并取得劳动报酬或收入的期末实有人员数。